Markus Russegger (Hg.)

der Steirer Land

Markus Russegger (Hg.)

der Steirer Land

:STYRIA

Vorwort

Es muss wohl schon wieder an die zehn Jahre her sein, als ich mich – als gebürtiger Salzburger – nach einem langjährigen beruflichen Aufenthalt im Ausland dazu entschieden habe, in meine so geschätzte Heimat, nach Österreich, zurückzukehren.
Aber eines war von Anfang an klar, es musste schon ein ganz besonderer Flecken Erde sein, auf dem ich meinen neuen Anfang wagen wollte. Und so kam ich wohl überlegt zu dem Entschluss, die Steiermark zu meinem neuen Domizil zu wählen.
Die Gründe dafür sind schnell aufgezählt. So hat mich kaum ein anderes Land ob der Vielfältigkeit seiner Gesichter mehr gefesselt, als gerade diese beeindruckende Gegend. Sei es nun die Landschaft selbst, die vom Alpinen bis hin zum annähernd Mediterranen reicht, seien es die ehrlichen Gaben dieser Erde, die bodenständige Kultur oder eben die bewundernswerten Menschen, die hier leben und in ihrem Dasein und in ihrer Arbeit all das geformt haben.
Um so mehr hat mich erstaunt, dass ausgerechnet die Steirerinnen und Steirer selbst es waren, die Zweifel an der Richtigkeit meiner Entscheidung hatten. Scheinbar gilt auch hier der Grundsatz, dass das Eigene nur wenig wert ist und alle Einflüsse von außen zu bejubeln wären. Willkommen

Weihnachtsmann, adieu Christkind? Ein fataler Irrtum, wie sich schnell herausstellt!
Denn schon bei den Recherchen zu diesem Werk wurde eines sofort klar: eine ganze Reihe an Büchern würde nicht ausreichen, um alles Beachtenswerte und Eindrucksvolle aufzuzählen. Und das selbst in einer Zeit, in der das Seichte und das Mittelmaß überhand zu nehmen drohen.
Aber genug der Polemik. Lassen wir doch unsere Persönlichkeiten selbst zu Wort kommen und lauschen der Dinge, die uns der Dichter, der Bauer, der Künstler, der Pfarrer, der Geschäftsmann, der Kritiker, der Schlossherr und noch einige mehr zu erzählen haben.
Ich wünsche Ihnen jedenfalls viel Vergnügen mit diesem eher ungewöhnlichen Buch. Sollte es mir zudem noch gelingen, Ihnen die eine oder andere unbekannte Seite unseres wundervollen Landes aufzuzeigen, weiß ich, dass meine Arbeit nicht umsonst war.

Oktober 2002 Markus Russegger

Inhalt

der Steirer Land – das Land der Steirer *Seite* *9*
Erzherzog Johann – Stifter des Joanneums *18*
Familie Melcher – Der Charakter des Weines *27*
Inge Morath – Bilder meiner Heimat *37*
Raimund Ochabauer – Pfarrer, Manager, Psychologe und Freund *44*
Familie Renner – Früchte steirischer Erde *53*
Tina Bauer – Kongress in Grün-Weiß *59*
Team Styria – Integration auf Steirisch *66*
Renate Kraft – Der Steirer G'wand *73*
Hans Heidenbauer – Steirischer Arbeiterdichter *79*
Gutes vom Bauernhof – Die Steiermark, wie sie isst *85*
Emanuel Freyberger – Vom Läuterbuben zum Fluglehrer *89*
Die Kunst in der Steiermark – Aus dem Land berichtet *101*
Stift Admont – Aus dem Leben eines Bücherwurms *108*
Melodie und Poesie – Von singenden Menschen umgeben *116*

Josef E. Tschida

der Steirer Land

das Land der Steirer

Der echte unverfälschte reine Steirer setzt sich, zum Unterschied des restlichen österreichischen Völkermischmasches, aus 100 Prozent Steirern zusammen. So ums hohe Mittelalter herum wanderten die Ursteirer aus Bayern ein und vertrieben die slawischen Ursteirer aus der Steiermark, die damals noch nicht so hieß.

Seitdem ist aber viel Schnee vom Dachstein geschmolzen, und die Steiermark samt ihren Steirern hat sich gewandelt. Wir sind zwar kein Herzogtum mehr, doch werden wir von LandesfürstInnen regiert. Und so manches unscheinbare Dorf wird gar von einem Kaiser absolutistisch geführt. Soweit sich ein Steirer eben führen lässt. Das wilde Bergvolk hinterm Semmering, wie wir liebevoll von unseren nördlichen Nachbarn genannt werden, ist mitunter etwas störrisch, stur und verschlossen.

Geographisch lässt sich die Steiermark ganz leicht erfassen. Sie teilt sich in die Obersteiermark, die Untersteiermark, die Südsteiermark, die Oststeiermark, die Weststeiermark, das Grazer Becken, das Aichfeld, das Leibnitzer Becken, das Ausseerland, das Ennstal, das Murtal, das Dachsteinmassiv, das Joglland, die Schiregionen, das Thermenland, das Mariazellerland ...

Falls Sie jetzt glauben, zu viele Steiermärker gezählt zu haben:

Die Steiermark ist eben vielfältig!

Gemäß der geographischen vielfältigen Benennung kann man auch die Steirer selbst einer groben Einteilung unterwerfen, ergänzt um die Grazer. Die Grazer sind etwas andere Steirer oder beinahe schon keine mehr. Das urbane Leben der Grazer scheint sich auf das Wesen des Ursteirers negativ auszuwirken. Die wohltuend schweigsame Beredsamkeit der Obersteirer, denen gelegentlich, meist durch Unkonzentriertheit nach einem entspannenden und herzhaften Schluck Bier, gefolgt von einem Buderl Obstler, ein wohlwollender Urlaut entschlüpft, weicht schlagartig beim Betreten des GU's, des Grazer Umlandes, einer tratschhaften Zerredbarkeit.

Durch das Grazer Hochsteirisch, das eine gewisse Ähnlichkeit mit dem Hochdeutschen nicht verleugnen kann, hebt sich der steirische Grazer über die steirischen Steirer empor. Der Grazer und natürlich auch die Grazerin sind vermutlich – angeregt durch die Anwesenheit zweier Stuben, der Landstube und der Gemeindestube, in denen auch viel geredet wird – überzeugt, so oft es nur geht, die wohlklingende Melodie des Grazer

Hochsteirischen erklingen zu lassen. Dabei scheint es völlig unwichtig, welchen Inhaltes dieses „Lied" ist. Ganz den Vorbildern aus den Stuben verhaftet.

Der geschäftige Businessmann, diesen Typus findet man überwiegend in der großen Stadt, zum Beispiel in Graz. Er unterscheidet sich nicht nur durch seine Sprache, sondern auch durch sein Äußeres von der ländlichen Variante der Steirer. Zwar trägt der Landmann, außer zur leicht debilen folkloristischen Unterhaltung von Nicht-Steirern, auch Touristen genannt, in letzter Zeit keine Krachlederne mit Wollstrümpfen, sondern lieber das uniforme Beinkleid aller echten Individualisten, die Blue-Jeans-Hosen. Seinem hirschledernen Vorbild nacheifernd, ist manche Jeans so dreckig, dass sie ganz allein ohne dessen Träger auskommt und nicht in sich zusammenfällt. Begünstigt wurde dieser Siegeszug der Blue Jeans unter den Steirern vermutlich dadurch, dass der edle Stand der Wüdara durch die Verunglimpfungen der Jäger derart gelitten hat, dass der Berufsstand der Wilderer gefährdet ist und somit auch die Lieferungen von zwar illegal, aber günstig bezogenen Wildhäuten, ohne die eine Lederne nicht auskommen kann, erschwert beziehungsweise gar unmöglich wurde. Das Wildern ist überhaupt nur unter den in der steirischen Bergwelt lebenden Steirern üblich, ja in manchen Familien war es früher eine Tradition, die vom Vater an den Sohn weitergereicht wurde, wie zwar verdeckt, aber heute noch im Klerus üblich. Es waren Pioniere der steirischen Schattenwirtschaft, die deshalb so heißt, weil sie ausschließlich durch Nachtarbeit in den weiten steirischen Wäldern auf den hohen steirischen Bergen der Obersteiermark ausgeübt wurde. Daher wird den Obersteirern auch heute noch eine gewisse Scheu gegenüber Fremden, etwa aus der Untersteiermark, nachgesagt. Wortkarg, stur, verschlossen und wild, so werden die Steirer der Obersteiermark gerne genannt. Dabei müssen die Menschen hoch oben in den steirischen Bergen ein recht lustiges Völkchen sein, das gerne Feste feiert. Wie sonst wäre es zu verstehen, dass just über die höchsten Gipfel der

obersteirischen Berge riesige Schaukeln gebaut wurden, damit sich das lustige Steirermadl und der lustige Steirerbua von Tal zu Tal verschaukeln lassen können?

Schischaukeln? Gleich ein doppeltes Vergnügen! Zum Schi fahren gesellt sich das lustvolle Gefühl der Schwerelosigkeit, wie es eben das Schaukeln nur bieten kann. In Wahrheit werden einfach die Fremden, die Nicht-Steirer, verschaukelt. Idyllische Winterstimmung, Wedeln bis zur nächsten Hütte, beschwingt durch Jagatee und Krapfen, wobei manch einer eh' selber einer ist – es geht bergab zur nächsten Hütte und am Abend zum Après-Ski beim Gasthof Post. Wer

die jodelnde Resi mit den original fiedelnden Obersteirern nicht mehr aushält und wem der Schnee zu kalt ist, kann am anderen Ende, dem südöstlichen Steirerland fündig werden und in der Thermenregion baden gehen. Wenn die Obersteirer nur in schwindelnden Höhen Glückseligkeit finden, wühlen sich die Ost- und Südoststeirer bis tief in die Erde, um heißes Wasser zu finden.

Auch gibt es in dieser Region reiches Ölvorkommen. Große Ölfelder tragen den Ruf der Steirer bis in alle Winkel der ... www ... Welt. Neben steirischen Eichen und Weizer Strohsäcken sind auch das steirische Gold, das steirische Kürbiskernöl und der steirische Wein wichtige Exportartikel der Steirer, sofern sie es nicht selber essen oder trinken. Beides ist den Steirern lieb, auch wenn Nichtkenner, also Nicht-Steirer, die Nase rümpfen. Sie vergleichen das Kernöl mit altem verbrauchten Motoröl, und zu unserem Wein sagen diese unwissenden Kretins, dass es sich um Essigmutter handeln müsse. Da verstehen wir dann keinen Spaß, heben mit tiefem Groll im Bauch das Krügerl und schütten das unvergleichliche steirische Bier literweise in uns hinein ...

– Die daraus resultierenden unterhaltsamen Wirtshausraufereien sind leider nicht mehr so modern – Bier wird in der Mark der Steirer gerne und oft, beinahe zu jeder Gelegenheit getrunken. Während die unteren Steirer gern im Freundeskreis das Glas erheben und das Hopfenkompott pur inhalieren, kann man in der Obersteiermark, in einem Gasthaus abgestiegen und auf eine Erfrischung hoffend, beobachten, wie die bärenstarken Obersteirer „a Bier und oan Oubstla" bestellen. Der Obstler ist ein scharf und rabiat gebranntes Gemisch mehrerer heimischer (steirischer) Obstsorten. Da das steirische Bier ohne Zweifel als ein nach Hunderten von Jahren langsam gereiftes gelungenes Produkt hiesiger Braukunst gelten kann, muss wohl der „Oubstla" der Übeltäter sein. Einem Schluck Bier folgt ein Buderl Obstler, dann sofort, um die Magennerven wieder mild zu stimmen und die Schäden an der Mageninnenwand in Grenzen zu halten, ein weiterer Schluck Bier. Diese Vorgangsweise ist eine in der Obersteiermark recht verbreitete und beliebte Art, den geliebten Rausch in wenigen Minuten erreichen zu können.

Im wilden Westen der weststeirischen Bergwelt lebt ein ganz besonderer Stamm der Steirer. Es beherrscht eine spezielle Rabiatperle die sanften Hänge der schroffen Berge. So schroff wie oft die Eingeborenen dieser Gegend. Untrüglich verraten eng an die Zähne anliegende Wangen und die in Falten gelegten Lippen, dass gerade der vergorene Saft dieser Traube genossen wurde. Der Schilcher ist in der Tat ein besonderer Wein, der wie keiner das Antlitz seiner Weststeirer formt. Wer ihn jemals getrunken hat, weiß, dass der erste Schluck als Zitat für guten Traubenessig gilt und dann das zweite Glas langsam die Geschmacksnerven richtig informiert, dass hier ein exzellenter Wein ganz besonderer Prägung getrunken wird. Nach dem dritten Glas ist man gewappnet, und ab dann trinkt sich der Schilcher mit der hellen Freude kleiner Kinder. Sollte es das Schicksal dann nicht gut meinen und Sie müssen an die frische Luft, etwa um nach Hause zu gehen, dann könnte es sein, dass der Schilcher rabiat wird und Sie flugs zu Boden wirft. Daher kommt es auch, dass die Weststeirer als bodenverbundene Gruppe gelten.

Der Genuss alkoholischer Getränke führt im Allgemeinen dazu, dass die Sprache an Qualität und Güte stark zu leiden beginnt. Wohlgeformte Sätze sind dann erst wieder nach einer gewissen Zeit der Erholung zu erwarten. Wie geht es da eigentlich den Steirern? Der Steirer ist stets im Besitz seines vollen Wortschatzes. Die göttliche Vorsehung hat es zu Wege gebracht, dass der Steirer mit einer Hand voll Grundlauten auskommen kann. Sparsamst, durch ausgedehnte Denkpausen angereichert, versteht es der Obersteirer, selbst lange Gespräche mit fünf bis zehn Worten zu bestreiten. Die untere Steiermark lässt ihre Steirer weniger lange nachdenken. Das heißt, die Pausen

sind kürzer und oft kaum vorhanden, aber da behilft sich der geübte untersteirische Redner, seine komplizierten 3-Wort-Sätze in gehöriger Weise öfter (3–7 Mal) zu wiederholen. Wer jetzt glaubt, dass sei langweilig, irrt gewaltig, hat er doch nicht mit der List der Steirer gerechnet, hie und da den Satz als Frage zu wiederholen.

In der Landtagsstube, dem steirischen Parlament, treffen steirische Politiker aus dem Norden, Süden, Osten und Westen der Steiermark zusammen, deren Berufung ja das Reden ist. Und trotzdem geht manchmal etwas in der steirischen Politik weiter, vermutlich liegt das daran, dass sich in die Denkpausen der Obersteirer vorzüglich die als Zwischenrufe getarnten Wiederholungen der Untersteirer fügen und so die Sitzungen im Rahmen gehalten werden können.

Die Steirer sind ein wildes und stürmisches Volk. Das haben die türkischen Renner und Brenner in längst vergangenen Jahrhunderten erkennen dürfen. Auch die heutigen Steirer sind nicht aus Pappe. In jedem richtigen Steirermann steckt ein Rennfahrer erster Güte. Kein Wunder, liegt ja der österreichische AF1-Ring im obersteirischen Aichfeld. Alljährlich trifft sich dort die Crème de la crème der PS-Ritter, im Wettstreit um die zarte Hand ..., nein, nicht die der Landesfürstin, die zarte Hand, welche mit dem Siegespokal und einem dicken Bündel Geld winkt, wird begehrt.

Doch jeder im Publikum weiß, dass er es viel, viel besser kann als die Männer in ihren bunten, wie eine Litfaßsäule beklebten Overalls. Nicht die Autobahn, das kann ja jeder, nein, die ganz normale Landesstraße ist der Spielplatz heimischer „Rennprofis". Das belegen eindrucksvoll die Mitschriften der beamteten Rennrichter in ihren schicken grünen und grauen Uniformen. Freilich sind die von der Jury verhängten „Nenngelder" recht saftig, aber was hilft's, die Steirer sind eben wild und stürmisch.

Dieser Steirer-Aspekt dürfte auch dafür verantwortlich sein, dass die Damen aus aller Welt, so sie eines echten Stoansteirers ansichtig werden, nicht in Ohnmacht, sondern in Verzückung geraten. Echter als echtes Holz ist der Stoani ein ganzer Mann. Von Kopf bis Fuß in Loden und Leder gehüllt, mit Stutzen und Haferlschuh ausgestattet, ist er hart im Nehmen, und nur am Zittern des Gamsbarts kann ein geübtes Auge erkennen, wie es um den stoansteirischen Hutträger bestellt ist. Nicht umsonst haben die originalen Stoanis festgestellt, dass Steirerman very good for Hollywood sind. Ein Stoansteirer kennt keine Grenzen, Stein um Stein arbeitet er sich die Erfolgsleiter hinauf, wenn es auch oft nur eine Geröllhalde ist. Und selbst die Besatzungen der Raumstation MIR schwören „Stoa und Boa", dass sie auf dem Mond mehrere Stoansteirer zweifelsfrei an ihrer traditionellen Kleidung erkannt haben wollen. Vermutlich handelt es sich dabei um jene Steirer, die bereits seit jeher hinter dem Mond leben, meinen Insider.

Alle Jahre im Herbst stürmt es landauf, landab im Steirerland. Wetterkapriolen kann man überall auf der Welt zu jeder Zeit beobachten. Wer allerdings einen Steirischen Herbst erleben durfte, weiß, was es heißt, standhaft zu sein. Gute Magennerven und eine gesunde Leber sind allerdings Grundvoraussetzung für das Unternehmen „Steirischer Herbst". Die künstlerische Herbstkost liegt manch einem, nicht nur Nicht-Steirern, wie ein fetter Schweinsbraten im Magen. Mit diesem drückenden Gefühl schleppt man sich dann in eine Wirtschaft, die sich brüstet, frischen Sturm zu haben. Wer Wind sät, wird Sturm ernten, heißt es in literarischen Quellen, das weiß ein fülliger Fußballpräsident zu schätzen. Stürmisch wird's aber, wenn die ersten Trauben von den Reben in die Butte fallen und der frische steirisch-stürmende Wein das Glas trübt. Viertel um Viertel rinnt er in die steirischen Hälse. Die hinterhältige Süße lässt Jahr für Jahr die Steirer nichts ahnend in die Sturmfalle tappen. Unwissende würden die Gesichter mit dem immer stureren Blick der steirischen Art, Gemütszustände plakativ zu vertuschen, zuordnen. Damit liegen sie zwar nicht so falsch, wenn auch die Sachlage grundlegend anders ist. Der dem Sturm anheim gefallene Steirer fühlt die wohltuende Unruhe, die seinen Körper in fortgeschrittener Stunde des Genusses befällt, und bemüht sich um ein ausgewogenes Erscheinungsbild. So lange die Wirtshausbank gedrückt und die Hand das Glas an die Lippen führen kann, ist alles in Ordnung. Erst die Zufuhr von frischer Luft, etwa wenn der stille Genießer vom Wirt an die Luft gesetzt wird und dann mehr oder weniger mit Erfolg gekrönt der Erdanziehung zu trotzen versucht, zeigt sich die wahre Natur des stürmischen Herbstes. In den Tageszeitungen wird gerne jede Katastrophe und Sensation abgedruckt. Die Steirer wundert's dabei gar nicht, dass die vielen Tausenden allherbstlichen Sturmopfer kaum eine müde Zeile im Blätterwald bewegen können.

Ob stürmischer Herbst, Steirischer Herbst, die Obersteirer mit ihren schaukelnden Bergen, die rabiaten mit Schilcher aufgezogenen Westis oder einfach nur Steiermark. Wer die Vielfältigkeit noch nicht gesehen und die Einzigartigkeit der SteirerInnen nicht erlebt hat, sollte sich kein Urteil erlauben, sonst könnte er rasch als einfältig gebrandmarkt sein. Steirerblut ist eben kein Himbeersaft, setzt es sich doch zu 40 Prozent aus festen Zellen (wie rote und weiße Blutkörperchen) und 60 Prozent flüssigem Anteil (wie steirisches Bier, Schilcher, Most und Sturm) zusammen. Die Mischung ist saisonal bedingt differierend.

Petra Melinz-Schille

Erzherzog Johann

von Österreich, geb. 1782, gest. 1859, Sohn Kaiser Leopolds II. und Bruder Kaiser Franz' I., Stifter des Joanneums über die Entwicklung „seines" Museums.

Auf einer meiner vielen Reisen lernte ich die Steiermark und ihre Bewohner kennen und schätzen, und so beschloss ich, von da an für dieses Land und seine Bewohner zu wirken.

„Die Notwendigkeit, gründliche Kenntnis an die Stelle hohler Vielwisserei ... zu setzen, ... auf die höchste National-Angelegenheit, auf die Erziehung unablässig sein Augenmerk zu richten, hat sich wohl nie so stark als in unseren Tagen ausgesprochen. Zu diesem großen Zwecke ... mitzuwirken, ihm wenigstens in einer großen Provinz des Kaiserstaates, in Innerösterreich, wesentlich näher zu rücken, ist das Ziel des National-Museums.

Dasselbe soll alle in den Umkreis der National-Literatur gehörigen Gegenstände in sich begreifen. Alles, was in Innerösterreich die Natur, der Zeitwechsel, menschlicher Fleiß und Beharrlichkeit hervorgebracht haben, was die Lehrer der verschiedenen öffentlichen Anstalten ihren wißbegierigen Zöglingen vortragen. Es soll dieselben versinnlichen, dadurch das Leben erleichtern, die Wißbegierde reitzen, jenes dem Selbstdenken, und hiemit der Selbständigkeit so nachtheilige bloße Memoriren, jene schädliche Kluft zwischen dem Begriff und der Anschauung, der Theorie und der Praxis mehr und mehr ausfüllen helfen."

Die Stiftung an die steirischen Stände erfolgte am 26. November 1811, als mein Adjutant die Schenkungsurkunde den steirischen Ständen überbrachte. Diese übernahmen in ihrem Dankschreiben die Verpflichtung, dieses ihnen *„anvertraute Heiligthum der Wissenschaften zu bewahren, es ..., stets zu bereichern und zu verschönern streben, und es so in einem Zustande blühender Erhaltung ihren Nachkommen zurücklassen ..."*

Als geeignetes Gebäude fanden wir den Lesliehof, schon im Juli 1811 wurde beschlossen, über dem Haupteingang die Bezeichnung Joanneum mit den Wappenschildern des Landeshauptmannes und der ständischen Verordneten anzubringen.

Heute besteht das „Landesmuseum Joanneum" seit 190 Jahren, alljährlich feiert es noch immer die Wiederkehr seines Stiftungstages.

Besonders stolz bin ich darauf, dass es nicht nur das älteste der Öffentlichkeit zugängliche Museum der Republik Österreich, sondern auch zum größten und in seiner Vielfalt und nach seinem Sammlungsbestand bedeutendsten der österreichischen Landesmuseen angewachsen ist.

Ich konzipierte das Museum als Kristallisationspunkt aller fortschrittlichen und innovativen Wissenschaftsentwicklung für das Land, so haben sich im Laufe der Zeit bedeutende Institutionen und Einrichtungen des Landes aus dem Joanneum

Bild rechts: Leopold Kupelwieser, Erzherzog Johann im Rock mit grünen Aufschlägen, 1828

herausentwickelt: die Montanuniversität Leoben und die Technische Hochschule Graz – heute, zu meiner Freude, Erzherzog-Johann-Universität, ebenso die Steiermärkische Landesbibliothek und das Steiermärkische Landesarchiv. Auch weitere, sehr wichtige wissenschaftliche Einrichtungen tragen heute den Namen „Joanneum", wie Joanneum Research und die Fachhochschule Joanneum.

Heute ist das Joanneum mit seinen 17 Sammlungen zur Natur, Kunst und Kultur der Steiermark, mit zum Teil weltbekannten Objekten zu beachtlicher Größe herangewachsen.

Der Grundstein zu den naturwissenschaftlichen Sammlungen, die auch heute noch im Stammhaus, in der Raubergasse, zu besuchen sind, wurde schon von mir gelegt. Die Mineralien aus Österreich und anderen Ländern stammen teilweise noch aus meiner Privatsammlung. Der erste von mir nach Graz geholte Kustos und Professor für Mineralogie Friedrich Mohs hat hier am Joanneum seine weltberühmte zehnteilige (Mohs'sche) Härteskala, die auch heute noch maßgebend ist, entwickelt. 600 Millionen Jahre pflanzlicher und tierischer Evolution, Gesteinsexponate und mineralische Rohstoffe, 60.000 Fossilien, darunter ein Archaeopterixabguss, Fischsaurier, ein Dinosaurierei, vollständige Skelette von Riesenhirsch und Höhlenbär sowie ein faszinierendes Schaubergwerk gibt es in der Geologie & Paläontologie zu bestaunen.

Natürlich darf auch eine zoologische Sammlung nicht fehlen. Lebensräume heimischer Tiere (Säu

Eingang Raubergasse, Stammhaus des Joanneums

Geologie & Paläontologie, Schlammschnecke Potamides sp., Alter ca. 12 Mio. Jahre, Fundort: Totterfeld in Hartberg

getiere, Vögel, Kriechtiere, Fische, Käfer und Schmetterlinge), Dioramen heimischer Tiere in ihrem natürlichen Umfeld mit Malereien der Künstlerin Norbertine Bresslern-Roth und ein Hirsch, von meinem Großneffen Kaiser Franz Joseph I. erlegt, warten darauf, erkundet zu werden.

Auch meine botanische Sammlung mit einem Herbarium, historisch wertvolle Sammlungen europäischer Holzarten, aufgestellt in einer Xylothek, sowie zahlreiche Obstmodelle, eine Früchte- und Samensammlung überließ ich dem Museum. Leider musste der wunderschöne botanische Garten mit seiner Baumschule, seinem Warmhaus und seinem Orchideenhaus aufgelassen und zum Teil veräußert und in Baugründe umgewandelt werden. Ein Teil des Verkaufserlöses konnte aber nun für den Neubau des erst nach meinem Tod neu gegründeten Kunsthistorischen Museums aufgewendet werden. Bei dessen Grundsteinlegung und feierlichen Eröffnung 1895 war sogar Kaiser Franz Joseph I. persönlich anwesend. Die Kulturhistorische Sammlung, die Heimat der bedeutendsten Landesinsignien (Herzogshut und Landschadenbundbecher), und ihre Objekte zur steirischen Landes- und Kulturgeschichte, angewandter Kunst von der Gotik bis heute und bedeutende Kunstschmiedearbeiten finden sich noch heute dort. Zu einem Streifzug durch die Malerei und Plastik von der Romanik bis zum Ausklang des Barock, einem Verweilen vor der Admonter Madonna und dem Studium von barocken (Kinder-)Spielen anhand

Alte Galerie. Lucas Cranach d. Ä.: Urteil des Paris, um 1515, Tempera, Öl auf Holz

von P. Brueghels Bauernkirmes lädt die Alte Galerie ein. Mehr als ein Jahrhundert nach ihrer Gründung 1811 wurde die Landesbildergalerie in die Alte und Neue Galerie aufgeteilt. Letztere wurde 1941 im Palais Herberstein in der Sackstraße mit der Aufgabe, die Kunstsammlungen des 19. und 20. Jh.s zu verwalten und das zeitgenössische Kunstschaffen in der Steiermark in mannigfacher Form zu präsentieren und anzuregen, unterge-

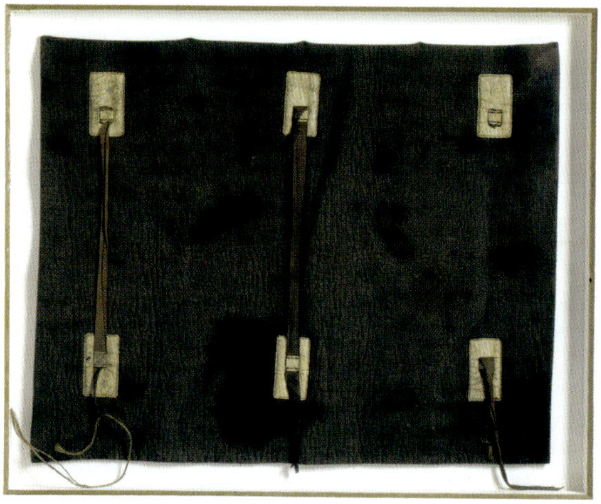

Neue Galerie. Joseph Beuys, o. T.: Filzdecke, Leder, Leinenriemen, Hanfseil, Hauptstromstempel

Turnierhelme, Augsburg 1570/80

bracht. Es finden sich Werke von Ferdinand Georg Waldmüller, Egon Schiele, über Wilhelm Thöny, Herbert Boeckl, bis hin zu Hans Hollein und Fritz Wotruba. Die Neue Galerie will ein Ort der Orientierungshilfe sein, der in scheinbar unübersichtlicher Beliebigkeit zeitgenössischer Kunstproduktion eine Positionierungsleistung erbringt.

Das einzigartige Waffenarsenal und bedeutsame Geschichtsdenkmal Österreichs aus der Zeit der Türkenkriege, das Landeszeughaus, gehört auch seit 1892 zum Joanneum. 32.000 Exponate (Harnische, Panzerhemden, Helme, Waffen und anderes Kriegsgerät) sind erhalten und in historischer Aufstellung präsentiert.

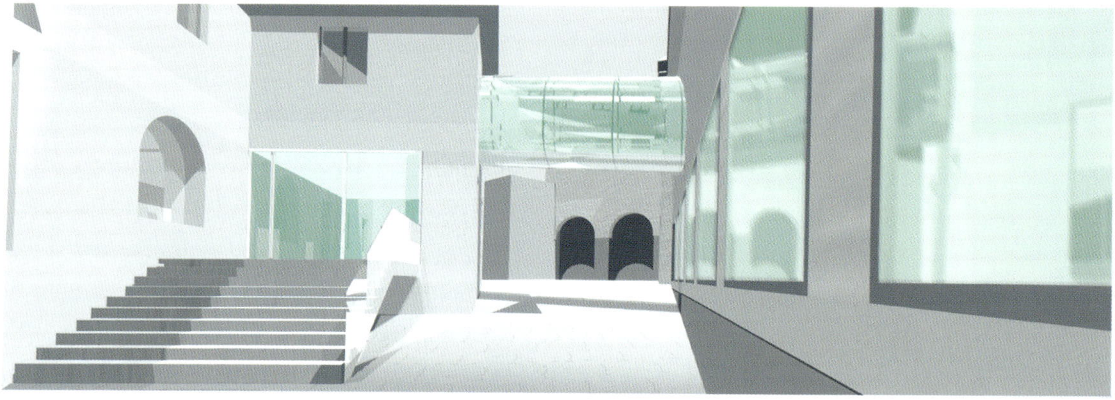

Das neue Volkskundemuseum (Ansicht der Fassade) – geplant vom Wiener Architektenteam BEHF

Schloss Eggenberg

Planetensaal, Schloss Eggenberg

Die 100-Jahr-Feier des Joanneums, 1911, bot Gelegenheit, Rückschau zu halten und an die Weiterentwicklung zu denken. In diesem Sinne wurde 1913 das Volkskundemuseum von Viktor von Geramb gegründet. Untergebracht ist es im ehemaligen Kapuzinerkloster in der Paulustorgasse. Es besitzt umfangreiche Sammlungen zu den Themen Bäuerliches Wohnen, Hausrat und Gerät, Brauchtum und Volksglaube. Nach 17-jähriger Pause wird das Volkskundemuseum 2003 in völlig neuem Glanz erscheinen.

Zu meiner großen Freude gehört seit 1947 auch die bedeutendste Schlossanlage der Steiermark, das ab 1625 als Residenz der Fürsten Eggenberg erbaute Schloss Eggenberg, zum Joanneum. Der nach dem Vorbild des spanischen Escorial errichtete manieristische Bau und das Freskenprogramm der Beletage wurden auf Wunsch des Bauherrn Ulrich von Eggenberg als architektonisches Abbild des Universums angelegt.

Heute ist das Schloss von einem weitläufigen romantischen Landschaftsgarten umgeben, in dem sich blaue und weiße Pfaue tummeln. Der Drache Balthasar lädt Kinder auf seinen Spielplatz ein.

Im Schloss fanden nun auch die bereits seit der Gründung bestehenden Archäologischen Sammlungen zur Ur- und Frühgeschichte und zur Römerzeit sowie auch die Münzensammlung eine „salonfähige" Unterkunft. In den Archäologischen Sammlungen werden all jene Objekte gesammelt, restauriert, erforscht und nach Maßgabe der Möglichkeiten der Öffentlichkeit präsentiert, die

Strettweger Kultwagen, 7. Jh. v. Chr.

die älteste Geschichte des Landes repräsentieren. Höhepunkte der Sammlung sind sicherlich der hallstattzeitliche Strettweger Kultwagen und die berühmten Bronzefunde aus den Fürstengräbern von Kleinklein.

Als moderne Paraphrase auf die längst zerstörte Biedermeier-Orangerie des Eggenberger „Extragartens“ wird auf ihren Fundamenten und als kulissenhafter Abschluss des neuen Planetengartens ein Gebäude für die bedeutende Römersteinsammlung errichtet.

Meine Münzensammlung, vermehrt durch namhafte Spenden und bedeutende Funde, wie dem Scheiflinger Münzschatz, gilt es zu besuchen.

Man sagt, die frühe Demokratisierung und Modernisierung des Weidwerks in der Steiermark sei mir zu verdanken. Mein Großneffe Kaiser Franz

Landwirtschaftliche Sammlung, Schloss Stainz: „Gogger“, Vorratskörbe, 1895

Joseph I. sowie die Gesamtentwicklung der Jagd in der Steiermark sehen mich als ihre Vorbilder. So wurde, unter anderem, in meinem „Geiste“ 1949 die Sammlung für Jagdkunde gegründet. Die kulturgeschichtliche, zoologische und ökologische Dimension der Jagd sind ab Ende 2003 in meinem Schloss Stainz zu studieren.

Im ehemaligen Augustiner-Chorherrenstift, das ich 1840 kaufte und welches sich heute im Besitz meiner Nachkommen, der Familie Meran, befindet, ist seit 1974 die Landwirtschaftliche Sammlung, die den Besucher über die Geschichte der Landwirt-

Landschaftsmuseum im Schloss Trautenfels: Glaskubus mit den Geweihmöbeln des Grafen Lamberg, ausgehendes 19. Jh.

schaft in der Steiermark informiert, untergebracht.
Von Anfang an galt meine Aufmerksamkeit vor allem auch der Landwirtschaft. Im Jahr 1819 wurde die k. u. k. Landwirtschaftsgesellschaft gegründet, deren landwirtschaftliche Geräte und Maschinen auf Schloss Stainz zu bestaunen sind.
Seit 1952 wird auch das Landschaftsmuseum für das steirische Ennstal im Schloss Trautenfels als Teil des Landesmuseums geführt.
Einer neuen technisierten Art der Landesdokumentation entsprechend, hat das 1960 entstandene Bild- und Tonarchiv seine Aufgaben übernommen. Es wurde im Palais Attems in der Sackstraße untergebracht.
Nach eingehendem Studium der Entwicklung meines Lebenswerkes kann ich nur immer wieder feststellen, dass ich richtig daran tat, den Ständen dieses Landes meine privaten Sammlungen zu stiften.

Mein Wunsch wäre, dass die Verantwortlichen des Museums auch weiterhin gemäß meinen Überlegungen in den Statuten agieren: *„Stete Entwicklung, unaufhörliches Fortschreiten ist das Ziel des Einzelnen, jedes Staatenvereines, der Menschheit. Stille Stehen und Zurückbleiben ist (nach dem Ausspruch eines großen Weisen) in dem regen Leben des immer neuen Weltschauspiels einerlei. Das Vorbild jener Wachsamkeit, Willenskraft und Erfindungen muss den Geist unaufhörlich emporhalten, um bei jedem Aufrufe des Vergangenen würdig, der Gegenwart gewachsen, für die Zukunft wohltätig zu sein. Das Leben eines Staates ist wie ein Strom, nur in fortgehender Bewegung herrlich. Steht der Strom, so wird er Eis oder Sumpf. Nur wo Licht und Wärme, da ist Leben."*

Mit großer Spannung erwarte ich das 200-jährige Jubiläum „meines" Museums.

Alle Zitate: Joanneum, Flugschrift vom 1. Dezember 1811, S. 5 u. 6.

Gerhard Löffler

Familie Melcher

Der Charakter des Weines

Die Rangordnung der wichtigsten Einflüsse bei der Herstellung von Wein sieht folgendermaßen aus: 1. das Großklima, 2. das Mikroklima, 3. der Boden, 4. der Mensch. Ob das wirklich so ist, kann und will ich nicht beantworten. Ich vertraue hier voll und ganz einem Spross der Familie Melcher, einer alteingesessenen Gamlitzer Weinbaufamilie, Arnold Melcher – und der hat mir das so erzählt. Der Mensch im Windschatten der Elemente. Zumindest beim Wein. Schwieriges Terrain also für eine Geschichte, die sich um Menschen drehen soll, denn – um das zu bemerken, muss man nicht unbedingt ein Blitzgneißer sein – der Wein spielt hier am Schloss sicherlich keine Statistenrolle. Weine und Schlösser waren immer schon wie Topf und Deckel. Sie gehörten zusammen, aber nicht weil beides schöne Dinge sind, sondern weil in Zeiten, in denen Frauen in ihren Unterröcken kleine Honigtöpfchen zur Ungezieferbekämpfung montiert hatten – ist also schon ein Weilchen her –, es ein Privileg des Adels war, Wein zu trinken. Und der Kirche, aber die glich damals ja ohnehin dem Adel, nur hatte sie vielfach noch mehr Geld. Es waren auch Abgesandte des Stiftes St. Paul im Lavanttal, die in den Jahren 1111 bis 1131 hier auf einer kleinen Anhöhe über dem damals natürlich noch nicht vorhandenen Ort Gamlitz ein Schloss errichten ließen. Und warum? Na, werden halt durstig gewesen sein, die Mönche. Glaub ich zumindest, aber wer es genauer wissen will, gehe besser zu Arnold Melcher und besuche sein Weinmuseum, das in einem Teil des Schlosses untergebracht ist. Hier hat man den Vorteil, von jemandem durch die Ausstellungsräume geführt zu werden, der nicht nur die Theorie, sondern auch die Praxis kennt. Jede Frage kann gestellt werden, wenn's sein muss, auch auf Englisch, Französisch oder Italienisch. Er wird sie beantworten, und wenn er was nicht weiß, schlägt er nach. „Ist aber noch nie vorgekommen“, meint er und wirkt dabei ein bisschen wie Horst Schimanski, der ja bekanntlich auch jeden Fall löste. Nur dass Schimanski eben im Gegensatz zu Arnold Melcher eher nachschlägt. Er weiß viel zu berichten über die Kunst, einen guten Wein zu machen, und über Kuriositäten, die sich dabei zwangsläufig ergeben. Glühwein z. B. ist das Ergebnis von altrömischen Wein-Rettungsmanövern. Die Zugabe von Zimtrinden sollte Fabrikate der Kategorie „saure Essigmutter“ trinkbar machen. Oder es kursieren auch Theorien, die den Untergang des Römischen Reiches mit dem Konsum oder besser ausgedrückt dem Zechen

Bild links: Innenhof Schloss Gamlitz

Arnold Melcher

von Wein in Verbindung bringen. Das Führen von Legionen, das ständige Erobern und Unterwerfen dürfte zweifelsohne eine körperlich, aber vor allem geistig belastende Aufgabe gewesen sein. Zum Entspannen gönnten sich die erschöpften Feldherren und Imperatoren abends schon gern mal ein mit Bleioxyd – Zucker war Mangelware – gesüßtes Gläschen Wein. Und Bleioxyd macht die Birne weich. Meist blieb es auch nicht bei einem Glas – in Wahrheit soff man sich halb tot. So mutierten die einstmaligen Größen der taktischen Kriegführung zu wahren Meistern der Gelagekunde, und mit Rom ging's bergab.

Wir hatten uns dem Schloss am frühen Nachmittag genähert. Eine auf Hochbetrieb arbeitende Sonne spannte einen ungemein blauen Himmel über die mit Weinbergen übersäte Landschaft, warme Winde fächerten ihre Luft durch die Rebstöcke. Das Schloss lag schlaftrunken unter Trauerweiden geflüchtet und wartete. Die Kiesel im Schlosshof krachten wie berstender Kandiszucker unter unseren suchenden Schritten. Sergio Mendez und Astrud Gilberto schienen auch hier zu sein, zumindest vernahm ich ihr Spiel. Rings um uns riesige Töpfe voll Oleander und Hibiskus, an deren Ästen Blüten damit beschäftigt waren, ihre dicken Bäuche in die wärmende Sonne zu strecken. So in etwa stelle ich mir ein Weingut in der Toskana vor. Ich muss gestehen – Asche über mein Haupt –, ich war noch nie dort. Jetzt gibt es für mich noch einen Grund weniger, dort unbedingt hin zu müssen. Ich hab alles gesehen. Ohne Stunden im Auto zu sitzen. Ich gratuliere mir.

Siegfried Melcher im Gespräch

Im Schlosshof herrscht gemächliches Treiben. „Einen Karton vom Sauvignon, ... und haben Sie noch vom ... Das wäre nett." Gäste an Tischen im Halbschatten, zurückgelehnt. Hallo, servus ... wie geht's ... ja sicher, geht in Ordnung, ... du, baba dann ... Bussi, tschüs! Geschäftliches, Privates.

Herr Melcher taucht auf, Wein taucht auf, exzellenter Wein, ich tauche ein. Mit dem Wein ist es nicht so einfach. Der Weinstock ist eigentlich ein Egoist. Er wächst für sich und nicht für uns (Luder!). Und ich habe mir immer gedacht, der liebe Gott hätte ihn für uns an einem seiner besseren Tage beim Welterschaffen ... Aber ich sage nix. Man muss den Wein erziehen, wie das in der Fachsprache heißt, und dabei ist die Zeit, in der die Rebe am Stock hängt, die entscheidende. Im Keller, nach der Lese, „kannst du einen Wein nur mehr schlechter, niemals besser machen. Wenn du im Weingarten schlecht gearbeitet hast, kannst du den Wein vergessen." Ich gönne mir ein Schluckerl und befinde die geleistete Weingartenarbeit als einwandfrei. Und das Klima ist halt was ganz Wichtiges. Davon gibt es hier in der Südsteiermark mehr als genug. Die Anbauflächen befinden sich mitten in einem Kaleidoskop verschiedenster Mikroklimate. „Tausender". Alpiner, mediterraner und pannonischer Einfluss treffen hier aufeinander. Die verschachtelten Hanglagen tragen das Ihre dazu bei, dass man eigentlich nie wirklich sagen kann, wie der Klimaeinfluss auf die Rebstöcke sein wird. Sicher sein kann man sich aber, dass die grundsätzlichen Voraussetzungen für eine Weinproduktion auf Spitzenniveau gegeben sind. Vor allem für die Herstellung von Weißwein.

Die relativ großen Temperaturschwankungen zwischen Tag und Nacht führen dazu, dass die Säure im Wein erhalten bleibt. Dies macht den steirischen Tropfen so unverwechselbar. „Frisch-fruchtige, säurebetonte, lebendige“ Weißweine von Weltrang können immer produziert werden, Rotweine hingegen nur in ganz außergewöhnlichen Jahren. Das ist es auch, was das Weinbauen so schwierig und deshalb wahrscheinlich auch so ungemein interessant für den Menschen macht. Das „Austarieren“ der Launen der Natur, um gleichbleibende Resultate zu liefern. „Zufallstreffer kann jeder einmal landen“, aber um dauernd Spitzenweine zu keltern, muss man Profi sein.
Der Mensch ist der Natur ja mehr oder weniger ausgeliefert, will er darin mit Erfolg überleben und sie nutzen, ohne sie auszunutzen, braucht er Kultur, Techniken der Kultivierung. Daraus entstehen Kulturlandschaften. Wie hier im tiefen Süden Österreichs. Hier im Grenzland zum geschätzten Nachbarn Slowenien wissen die Menschen, wie sie mit dem, was ihnen die Natur bietet, umgehen müssen, um daraus Kapital schlagen zu können. Das Wissen über den Weinbau hat Arnold Melcher zum Großteil von seinem Vater Siegfried, einem „Revolutionär“ in Sachen Weinbau, gelernt. Siegfried Melcher, ein studierter Önologe – Absolvent der Hochschule für Weinbau in Klosterneuburg, die Älteste ihrer Art weltweit, gegründet 1860 –, brachte viele dieser Techniken das erste Mal in die Steiermark. Er begann seine Weingärten zwischen den Rebzeilen zu begrünen, um die dauernde Plage der Erosion loszuwerden, und verhalf einer Rebsorte zum großen Durchbruch: dem Sauvignon blanc. Sein Vater Josef hatte im Jahr 1941 die ersten Sauvignon-Stöcke in die Steiermark gebracht und begonnen, sie hier heimisch zu machen. Die Setzlinge stammten aus der berühmten Weinbauschule in Maribor, genauer gesagt aus Selektionen des in den 70er Jahren des 19. Jahrhunderts dort experimentierenden Önologen Goethe. Nicht Wolfgang von, sondern Hermann. Einem Grandseigneur des modernen Weinbaus. Josef Melcher kann damit ohne Übertreibung zusammen mit einem damaligen Freund, der ebenfalls Mut zum Risiko hatte, als „Ahnherr des österreichischen Sauvignon-Anbaus“ betrachtet werden, denn fast alle Rebschulen Österreichs holten sich so genannte Edelreiser – so etwas wie Ableger – für ihre Weingärten aus diesem ersten sortenreinen Sauvignon-Weingarten. Wie gesagt, den richtigen Durchbruch schaffte der Elitewein des steirischen Weinbaus aber erst unter Siegfried Melcher. Dieser glaubte, allen Unkenrufen zahlreicher Experten, welche dem Sauvignon keine ruhmreiche Zukunft zutrauten, zum Trotz, beharrlich an seinen Wein. Apropos Unkenrufe: Wissen Sie, wie der Verzehr von Froschendteilen, also Froschschenkeln, in die Steiermark kam? Nun, das ist schnell erzählt. Im Jahr 1941 kam nicht nur der erste Sauvignon-Rebstock in die Steiermark, sondern es kamen auch zwei junge Franzosen. Henri und Auguste.

Unfreiwillig. Als Kriegsgefangene. Hier mussten sie die zum Kriegsdienst eingezogenen Arbeiter ersetzen, und so landeten sie auf dem Weingut Schloss Gamlitz der Familie Melcher. Mit Hilfe ihrer Hände Arbeit wurde unter anderem auch der Ur-Sauvignon-Weingarten, der übrigens noch immer reiche Früchte trägt, angelegt. Beim Gedanken an Kriegsgefangene schieben sich uns unweigerlich grauenvolle und scheußliche Bilder vor die Augen, doch hier im Schloss dürfte die Sache doch wesentlich freundlicher abgelaufen sein. Das beweist zumindest der Umstand, dass Henri und Auguste nicht nur die Pistole des Aufsehers, eines Vorarbeiters des Gutes, bei der Arbeit auch einmal ausprobieren durften, um Krähen zu ärgern, oder der Besuch der Tochter von Henri vor einigen Jahren in Gamlitz. Ihr Vater habe ihr oft von seiner Zeit am Hof der Melchers erzählt, und nun wollte sie dies alles einmal sehen, mit eigenen Augen. Und sie sollte eine Flasche Wein mit nach Frankreich bringen. Aber nicht irgendeine, sondern jene, die ihr Vater damals 1941 im Boden des

Rebstock

Pressraumes vergraben hatte. Die Flasche konnte nicht gefunden werden. Eine Betonschicht, die mittlerweile den alten Boden bedeckt, machte die Suche unmöglich. Siegfried Melcher erinnert sich gerne an diese Zeit, zwar nicht an den Krieg, aber an die beiden Franzosen.

Ach ja, die Froschschenkel! Nun, Henri und Auguste waren zwar bei einer Pioniertat österreichischer Weinbaugeschichte beteiligt, so viel steht fest. Aber ob sie auch Vorreiter in Sachen Export französischer Nationalgerichte ins Weiß-Grüne waren, kann zwar nicht ausgeschlossen werden, Beweise dafür habe ich keine. Gut, ich geb's zu, ich habe gelogen, aber der Rest ist wahr. Ehrlich, Siegfried Melcher hat mir das so erzählt.

Im Schlosshof tummeln sich jetzt immer mehr Menschen. Im großen Veranstaltungsraum findet gerade eine Tagung statt. Die Teilnehmer vertreten sich in den Pausen auf dem Schlosshof die Beine. Auftritte, Abtritte, zwischendurch werden Geschäfte gemacht. Das Schloss scheint dafür ein guter Boden zu sein. Die Melchers sind eigentlich ja eine Händlerfamilie. Das Geschäftemachen scheint ihnen im Blut zu liegen, das übrigens trotz des adeligen Wohnsitzes nicht blau ist. Sie selbst sind es auch selten. In den Besitz des Schlosses kam die Familie im Jahr 1904, als der Großvater Josef es dem Freimaurer Dominik Schallhammer abkaufte. Damals lebte man aber nicht nur vom Wein. Man betrieb regen Viehhandel und war

Weinlager im Weinkeller des Schlosses Gamlitz

Eine alte Weinpresse aus dem Weinmuseum im Schloss Gamlitz

auch im Import und Export von Obst aktiv. Erst als Siegfried Melcher in den 60er Jahren aus Klosterneuburg zurückgekehrt war und gleichzeitig eine schwere Seuche den gesamten Viehbestand dahinraffte, spezialisierte man sich ganz auf den Weinbau und beschränkte sich dabei immer mehr auf das Wesentliche. Arnold Melcher, der den Weinbau nun in dritter Generation betreibt, baut heute nur mehr drei Sorten in seinen Weingärten an: Sauvignon, Chardonnay und Muskateller. Andere Trauben kauft er, wenn nötig, zu. Weniger ist mehr. Mehr Qualität. Außerdem lässt sich ein konzentrierteres Angebot besser vermarkten, und das ist wichtig, denn die Luft ist dünn in der Topliga des Winzereigeschäftes. Und ganz allein vom Wein lebt man auch heute nicht. Der Tourismus hielt Einzug in Gamlitz, das seit der Landesausstellung 1990, die ebenfalls im Schloss stattfand, enorm an Bekanntheit gewonnen hat. Zimmer und Appartements werden vermietet, das erwähnte Weinmuseum, Verkostungen, Kellerführungen, Seminare, Tagungen und Hochzeiten gibt es mittlerweile ebenfalls auf dem Schloss. Und natürlich gehören zum Wein auch Musik und Kunst. Bekannte Künstler wie Karl Merkatz und Arthur Petrucelli, Roland Neuwirth mit seinen Extremschrammeln gaben sich im Schloss bereits ein Stelldichein. Höhepunkt des Jahres ist das alljährlich stattfindende Jazz- und Bluesfestival. Dann verwandeln lässig über Gitarrenhälse flitzende Finger, beiläufig auf das Fell gesetzte Jazzbeserl und Whiskey-geprüfte Stimmbänder den Schlosshof in einen Klangraum, der eher an Memphis/Tennessee denn an Gamlitz/Steiermark erinnert. Arnolds Mutter Jolanda begann vor zwanzig Jahren, ihr Refugium für Künstler, sei es nun für Ausstellungen oder Konzerte, zur Verfügung zu stellen, und diese nahmen dankend an, begnügten sich vielfach mit einer Brettljause und einer Flasche Wein als Gage. Arnold führt dieses Werk nun weiter, gerne sogar, hat er ja selbst den Groove im Blut. Und der muss raus, direkt hinein in die Saiten seiner Gitarre, die er bei zahlreichen Sessions leidenschaftlich gerne würgt.

Ich bin als Außenstehender aufs Schloss gekommen, als Stadtmensch und als Besucher von offensichtlich grandiosen Landstrichen neigt man dazu, sein Auge auf Selektivbetrieb zu stellen. Störende Details werden dezent ausgeblendet. Man steht auf einer Anhöhe und bewundert die von einer „Bis morgen früh dann" sagenden Sonne mit Licht überschütteten Hügelketten. Ein froschgrüner

Steyr-Traktor Modell Nr. 15 tuckert friedvoll vom Feld nachhause, Hühner gackern, und eine umsichtige Mama wäscht ihren Kindern gerade den Dreck von den Knien, bevor sie unschuldig und sanft in eine sternenklare Nacht entschlummern. Man seufzt, macht sich auf den Rückweg in die verruchte Stadt und denkt zurück an diesen Fleck, an dem „die Welt noch in Ordnung zu sein scheint". Man kennt das. Nicht nur aus der Werbung. Auch Arnold Melcher kennt das. Oft sagen ihm seine Gäste: „Sie wissen ja gar nicht, wie schön Sie es hier haben." Falsch! „Das wissen wir sehr wohl." Und wenn man hier lebt, merkt man erst wirklich, wie schön es ist. Man erlebt den Wechsel der Jahreszeiten, spürt jede Veränderung. Und leider oft ist man ja vom Walten der Natur extrem abhängig. Und man kennt auch die anderen Seiten. Zum Wein gehören „Spritzmittel und umkippende Traktoren" genauso wie die Glückseligkeit, „das ist halt so und wird auch so bleiben, da kann man nichts machen, außer man wechselt die Branche", wie Arnold Melcher betont. Life is hard, auch hier inmitten einer Postkartengegend. Das Schloss kostet Geld, viel Geld, „und das musst du erst einmal verdienen". Erben stellen sich an um ihren gerechten Anteil, Ländereien wurden verkauft. Schlösser sind heute meist für ein paar Cent zu haben. Die Erhaltung war immer teuer, früher allerdings war das natürlich einfacher, denn Arbeitskräfte waren billig, nicht selten arbeitete man mit Leibeigenen. Das ist allerdings schon lan-

Schloss im Grünen

Nach der Tagung wird zur „Steirerjaus'n" geladen

ge her. Aber noch um die Jahrhundertwende, als die Melchers das Schloss kauften, war das Schloss aus heutiger Sicht ein „Riesenunternehmen". Zahlreiche Handwerker und Berufsgruppen waren direkt im Schloss ansässig, wie der Schmied, der Fassbinder oder der Tierarzt. Diese wanderten dann aber ab ins Dorf und machten sich selbstständig. Die Beziehung zum Ort ist bis heute scheinbar vom Verhältnis Adel – Untertanen geprägt. Menschen aus dem Ort verirren sich nur selten ins Schloss, die Gäste kommen in erster Linie von außerhalb. Arnold meint, dass die Gamlitzer irgendwie mit „Respekt" auf das Schloss, das über ihnen auf einem Hügel steht, blicken. Erklären kann er sich das nicht, sind die Melchers doch eigentlich ganz normale Weinbauern. Aber Schloss bleibt Schloss und somit ein Ort der Sagen und Legenden. Und der Geister. Arnold hält es für gar nicht so abwegig, dass sich das Leben der Menschen der letzten 900 Jahre und deren Schicksale irgendwie in die Gemäuer des Schlosses geflüchtet haben. Als man nämlich versuchte, das verkalkte Wasser des Schlosses mit Granderwasser zu beleben, musste man feststellen, dass es ganz einfach nicht funktionieren wollte. Ein Jahr lang suchte man in zahlreichen Labors nach einer Antwort, fand aber keine. „Schloss Gamlitz", so Arnold, „ist der einzige Ort auf der Welt, an dem Granderwasser nicht wirkt. Ob dafür jetzt die Schlossgeister verantwortlich sind oder die Erdstrahlungen, von denen es hier so viele gibt, dass Messgeräte häufig Werte liefern, die Wissenschaftler „ganz fertig machen", ist Ansichtssache. Arnold, der neben BWL auch einige Semester Physik studiert hat, traut den Geistern aber jedenfalls einiges zu.

Dennoch ist er kein Esoteriker, sondern Realist! Er ist Unternehmer. Geschäftsführer eines umfangreichen Betriebes. Wenn am Ende rote Zahlen unter dem Strich stehen, nützen einem die schönste Landschaft, das tollste Schloss und der beste Geist nicht viel. Die Weinbauern hier und somit auch die Melchers opfern dem Weinanbau viel von ihrer Zeit. Zum einen, um davon ganz einfach leben zu können, zum anderen aber auch aus Leidenschaft. Der Wein ist ihr Werk. Er bietet die Möglichkeit, sich auszudrücken. „Wenn du heute einen Wein von einem Weinbauern trinkst, trinkst du quasi seinen Charakter", philosophiert Arnold in den mittlerweile späten Nachmittag. Ich nehme einen letzten Schluck vom Weißen, denke an den Wein, denke an Arnolds Worte und komme zum Schluss, dass der Anteil der guten Menschen in diesem Landstrich überdurchschnittlich hoch sein muss. Vielleicht spricht man deshalb auch oft vom steirischen Himmelreich – nur die Guten kommen dorthin – hier unten im Süden. Die Melchers wohnen jedenfalls mittendrin. Ob sie auch alle in den Himmel kommen, kann und will ich nicht beantworten. Wenn das mit dem Wein und dem Charakter stimmt, haben sie sicher ganz gute Chancen.

Iskra Buschek

Inge Morath

(27. Mai 1923 Graz – 30. Januar 2002 New York)

Bilder meiner Heimat

„Kaum hatte ich angefangen, den Auslöser zu drücken, wusste ich, das ist die richtige Art für mich, dem, was ich in mir habe, Ausdruck zu geben." (Inge Morath)

Eher ein Zufall brachte sie zur Fotografie, doch ihre außergewöhnliche Begabung ließ sie seit den Fünfzigerjahren eine der großen Fotojournalistinnen werden. Ihre Aufnahmen, „von denen manche längst ihren festen Platz im imaginären Museum der Fotografie haben", gingen um die ganze Welt. Das Ungewöhnliche im Alltag oder der Mensch waren Moraths Lieblingsmotive. Sie formulierte mit der Kamera intensiv und präzise. Ihre Fotos erreichen den Betrachter unfehlbar, sie berühren ihn im Innersten. „Inges Eigenart ist ihre subtile Handschrift; sie drückt niemandem ihren Stempel auf. Ihre Bilder haben eine unsentimentale Zärtlichkeit", schrieb Moraths Mann Arthur Miller über ihre Aufnahmen. Morath fotografierte – wie sie selbst sagte – das, was sie sah, „ein Auge aufs Motiv gerichtet, das andere auf die eigene Seele".

1923 als Inge Mörath [!] in Graz geboren, wuchs sie in Frankreich, vor allem aber in Deutschland – Darmstadt und Berlin – auf. In ihre Geburtsstadt kam sie nur, um ihre Großeltern zu besuchen und sich an „Potizen, Mohr im Hemd und Punschkrapfen" zu erfreuen. Eissalon „Hocke" (Murbrücke), Oper, Stadtpark und Schöckelwanderungen sowie Marktbesuche am Kaiser-Josef-Platz waren ihr in bester Erinnerung geblieben. Deshalb kam sie immer gerne in ihre Heimat, die sie wunderschön fand. Sie fühlte sich in Graz „einfach zu Hause, wie in einem guten Bad". Auch eine ihrer letzten Reisen führte sie im Herbst 2001 in ihre Heimat, ins südsteirisch-slowenische Grenzgebiet. Für die letzte fotografische Spurensuche, diesmal nach den eigenen Wurzeln, begab sie sich in die Heimat ihrer Ahnen, die aus dem Raum Marburg (Maribor) stammten. In diesem Zusammenhang entstand auch die letzte umfassende Dokumentation über Inge Morath.

Die Bezeichnung „Kosmopolitin" traf bereits in ihren Jugendjahren auf sie zu, denn nicht erst ihre Arbeit als Journalistin führte sie rund um die Welt. Die Eltern, beide Wissenschaftler, pflegten Kontakte in ganz Europa und wechselten berufsbedingt oft die Lebensorte. Die Mittelschulausbildung absolvierte Inge Morath in Berlin, wo sie dann unter Kriegsbedingungen neben ihrer Arbeit an einem Fließband auch Sprachen studierte. Folgt man ihren Erzählungen, waren ihr die Nazis von Anfang an suspekt, weil, wie sie sagte, „ich jede

Bild links: Klapotetz, Steiermark, 2001, Inge Morath

Inge Morath – Porträt, 2001, Stojan Kerbler

Diktatur verabscheue. Und weil sie die Kunst, die ich liebte, gehasst haben und sie ‚entartet' nannten." Nach dem Zweiten Weltkrieg begann ihre journalistische Tätigkeit für „United States Information Services" in Salzburg und Wien. Sie verfasste literarische Texte und Hörspiele für den neu gegründeten Radiosender „Rot-Weiß-Rot" sowie Artikel für verschiedene Illustrierte, darunter auch für die Zeitschrift „Heute". Ihre Reportagen über heimkehrende Soldaten – entstanden mit dem Fotografen Ernst Haas – eröffneten ihr in den Nachkriegsjahren die Bekanntschaft mit Robert Capa, dem Initiator der 1947 in New York gegründeten, aber in Paris stationierten Fotoagentur Magnum. Zusammen mit Ernst Haas zog Inge Morath im Juli 1949 nach Paris und setzte bei Magnum ihre Arbeit als Bildredakteurin fort.

Der Wechsel vom Wort zum Bild, wie sie persönlich erzählte, erfolgte sehr langsam. „Ich hatte nach dem Krieg oft unter der Tatsache gelitten, dass Deutsch, meine Muttersprache, für den Großteil der Welt die Sprache des Feindes war. Obwohl ich Artikel auch auf Englisch und Französisch schreiben konnte, trafen sie nicht den Kern. So war die Zuwendung zum Bild eine Notwendigkeit und Erleichterung." Ihre neue Sprache fand Inge Morath in der Fotografie. Ihr Kontakt mit Magnum-Fotografen zeigte ihr die verschiedenen Möglichkeiten der fotografischen Sichtweise – eine „seltsame Sache" –, über die sie sagte: „Man traut seinem Auge und entblößt seine Seele." Zunächst fotografierte sie unter dem Pseudonym aus ihrem rückwärts buchstabierten Namen: Egni Tarom. Nach einem Praktikum bei der Londoner Fotoagentur von Simon Guttmann trat sie 1953 als Fotografin Magnum bei, zunächst als Associate, als Assistentin von Henri Cartier-Bresson, ab 1955 als Vollmitglied.

Es folgten viele Reisejahre mit großen Reportagen. Sie machte Fotos in Irland, arbeitete in Paris und Italien, erhielt Aufträge, die sie nach Spanien und in den Iran führten. Im Zuge ihrer intensiven Reisetätigkeit für Magnum kam Morath 1956 erstmals nach New York. Das Marktpotenzial, das

Herbstfest auf Schloss Gradisce, Slowenien, 2001, Inge Morath

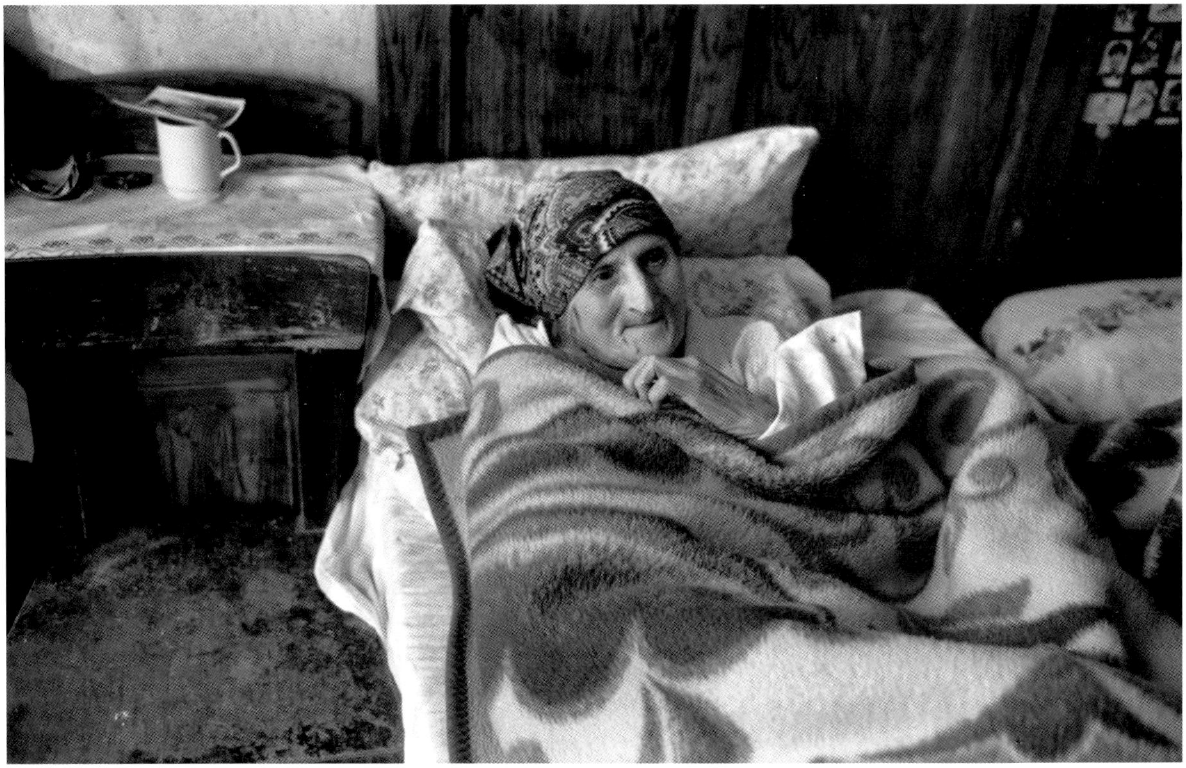

Fanika Pecolar auf Schloss Gradisce, Slowenien, 2001, Inge Morath

sie in den USA für ihre Tätigkeit sah, ließ sie im weiteren Verlauf für amerikanische Werbeagenturen, Filmproduktionen und Zeitschriften, wie das Life-Magazine, tätig werden. Während der Filmaufnahmen zu Misfits mit Marilyn Monroe 1960 lernte Morath den amerikanischen Dramatiker Arthur Miller kennen, den sie 1962 heiratete. Im selben Jahr wurde auch die Tochter Rebecca geboren. Mit Arthur Miller lebte sie bis zu ihrem Tod auf einer Farm in Roxbury, Connecticut.

Nach der Geburt der Tochter begann wieder eine intensive Reisetätigkeit, die Morath nach Russland, China, in den Nahen Osten und immer wieder nach Europa führte. Sie war eine Fotografin auf Reisen. Graz besuchte sie auch mehrmals, nicht zuletzt wegen der seit den Siebzigerjahren entstandenen aktiven Fotoszene um das Forum Stadtpark. Von Graz meinte sie, dass es schwer zu fotografieren sei, „weil es keine Geheimnisse hat".

Ihre Arbeit konzentrierte sich zunehmend auf Porträts und auf die Beschreibung großer Kulturen. Einige ihrer Recherchen erschienen in Buchform. Sie publizierte über 20 Bücher: Die Bekanntesten sind unter anderem In Russia (1969), In the

Weinland in der Untersteiermark, 2001, Inge Morath

Country (1977), die erste künstlerische Arbeit mit ihrem Mann, oder Porträts aus dem Jahr 1986. Ihre Publikationen sind eine intensive Auseinandersetzung mit den Menschen oder/und Landschaften, die porträtiert werden.

Diese Bücher, entstanden meist aus gemeinsamen Reisen mit Arthur Miller, künden von einer kongenialen Zusammenarbeit zwischen einem Schriftsteller und einer Fotografin. Sie war zu keinem Zeitpunkt nur „die Frau an seiner Seite", aber Millers literarischer Ruf öffnete ihr den Zugang zu den bedeutenden Künstlern vieler Länder. Diese Begegnungen gewährten ihr ein tiefes Verständnis für die Kultur. Dies war die Voraussetzung für ihre fotografische Arbeit. Wie Morath selbst erzählte, war sie immer daran interessiert, „die Schriftsteller und Maler, die Tänzer, Bildhauer und Töpfer – kurz, möglichst viele der künstlerischen Menschen, deren Arbeit etwas über die Seele ihres Landes aussagt, zu treffen und sie in ihrer Umgebung zu fotografieren".

„Ehe ich mich an ein Projekt mache, möchte ich seinen Hintergrund kennen, möchte ich in die Zivilisation eintauchen, um die es sich handelt,

Karneval in Ptuj, 2001, Inge Morath

und wenigstens die Grundlagen der Sprachen erlernen“, beschrieb sie ihre Arbeitsweise. Ihr Schlüssel zu den Kulturen war die Sprache. Dass Inge Morath sieben Sprachen beherrschte, machte es ihr einfach, Zugang zu den Menschen zu finden. „Die Sprachen verschiedener Völker zu erlernen, war für mich immer ein wichtiger Schritt, um deren inneren Charakter zu entdecken. Es ist auch eine unentbehrliche Vorbereitung, die Werke jener Menschen, die ich fotografieren möchte, zuerst kennenzulernen. Diese mir selbst auferlegte Arbeit war immer eine Bereicherung für mich.“

Moraths Arbeiten fanden internationale Anerkennung. Sie sind in diversen Museen, so in den Sammlungen des Metropolitan Museum und des Boston Museum of Art, zu finden und wurden in zahlreichen Museumsausstellungen gewürdigt. Seit ihrer fotografischen Tätigkeit in den USA konnte Morath dort mehr als 15 Ausstellungen verbuchen; die letzte fand 1998 anlässlich ihres 75. Geburtstags in der Leica Gallery in New York statt.

In Österreich erfuhr Inge Morath erst späte Anerkennung. 1991 erhielt sie den österreichischen

Staatspreis für Fotografie. 2001 zeigte das Stadtmuseum Graz die von der Kunsthalle Wien konzipierte Ausstellung „Inge Morath. Das Leben als Photographin“, welche die Vielfalt des fotografischen Schaffens der gebürtigen Grazerin dokumentierte. Anlässlich der Eröffnung erhielt sie das Goldene Ehrenzeichen ihrer Heimatstadt Graz.

Am 30. Januar 2002 starb Inge Morath in New York. Ihre letzte Arbeit über die privaten Gedenkstätten der Opfer des Terroranschlags am 11. September 2001 blieb unvollendet.

In der Untersteiermark, 2001, Inge Morath

Die Fotografien Inge Moraths wurden in den Jahren 2000 und 2001 im Rahmen des Projektes „Grenz.Räume“ aufgenommen. Inge Morath besuchte dabei die Orte ihrer Kindheit und fotografierte in der Untersteiermark und in Slowenien. Das gesamte Projekt wurde von Regina Strassegger betreut und besteht aus einem Fernsehfilm, dem Bildband „Grenz.Räume“ (Prestel Verlag) sowie der gleichnamigen Ausstellung im Künstlerhaus Graz (Januar/Februar 2003) sowie an zahlreichen weiteren Ausstellungsorten. Eine Monografie Inge Moraths, herausgegeben von Kurt Kaindl, ist im Otto Müller Verlag Salzburg unter dem Titel „Inge Morath – Fotografien“ erschienen.

Gerhard Löffler

Raimund Ochabauer

Pfarrer, Manager, Psychologe und Freund

Wir leben in einer Zeit, in der man zu Ehre und Bekanntheit gelangen kann, ohne dafür etwas Besonderes leisten zu müssen. Das wissen wir nicht erst, seitdem sich junge Menschen in orange Container einsperren und sich beim hochinteressanten Ohrenschmalzausputzen zusehen lassen. Manche Menschen können überhaupt nichts, über das es sich lohnte, etwas in Erfahrung zu bringen, verfügen aber über eine ganz besondere Eigenschaft, zu der sie kein Fuzerl selbst etwas beigetragen haben: Nämlich so auszusehen wie ein anderer, ein berühmter Mensch. Dies reicht oft aus, um von Seitenblick zu Seitenblick gereicht zu werden. Man denke nur an die unzähligen Elvis-Imitate, die aussehen wie der King himself, bei denen sich aber nach der zweiten gesungenen Liedzeile bald herausstellt, dass sie in ihrer Kindheit wohl öfters den Musikunterricht versäumt haben. Entfernt man die Hülle, bleibt dann nicht mehr viel übrig. Solche Menschen sind zwar irgendwie populär, aber eben nur, weil sie durch ihr Gesicht am Erfolg des Originalgesichtes teilhaben. Sie selbst müssen nichts tun. Praktisch. Auch Pfarrer Ochabauer sieht aus wie jemand anderer, und man ist versucht, zu glauben, dass dieser Jemand nach den Dreharbeiten im norditalienischen Brescellia, ohne seinen Talar auszuziehen, ins oststeirische Pöllau geradelt ist, um hier in die Rolle des Dorfpfarrers zu schlüpfen. Und Ochabauer ist eigentlich Fernandel, und der hat überhaupt nie aufgehört, Don Camillo zu sein, und so ist er es jetzt hier halt im richtigen Leben. Wäre denkbar. Doch Don Camillo ist Fiktion, Raimund Ochabauer ganz und gar Realität. Nun, er mag zwar aussehen wie besagter Leinwandheld und er ist auch nahezu ebenso populär, aber mit Sicherheit ist er keine Kopie, sondern genug Persönlichkeit, um selbst Original zu sein.

Das wäre er auch, wenn er dem eigenwilligen Filmpfarrer der Sechzigerjahre nicht so 93,7-prozentig aus dem Gesicht geschnitten wäre. Die Ähnlichkeit ist zwar sicherlich kein Nachteil bei seinem Vorhaben, im Leben „kräftig mitzumischen", oft öffnet sie Türen, oft kann es aber auch anstrengend sein, immer mit jemandem anderen verglichen zu werden. Und dennoch: Ochabauer schätzt den Charakter seines filmischen Pendants. Vor allem dessen Leidenschaft, die Aufopferungsbereitschaft, sich voll und ganz in den Dienst der Menschen zu stellen. „Für den Menschen und mit

dem Menschen", wie er das ausdrückt. Die „philosophische" Grundlage für seinen Einsatz um die Anliegen seiner Schäfchen ist dabei der tiefe Glaube an Gott, Jesus und den Heiligen Geist und an das Gute im Menschen. Raimund Ochabauer hat ein aus tiefer Überzeugung gewachsenes Ja zum Menschen gesagt. Irgendwann einmal. Für sich. Als Pfarrer will er es jetzt weitersagen.

Aufgewachsen ist Ochabauer in Fischbach, einem kleinen Ort inmitten der gleichnamigen Alpen. Hoch oben in dichten Wäldern, dort, wo die Kirche mitten im Ort steht. Und das nicht nur geografisch gesehen. Von seinen Eltern wurde er christlich-katholisch erzogen, so wie das halt üblich war. Und als Bub – heute dürfen das auch Mädchen – wurde man Ministrant. So auch er. Das hat er „gerne gemacht", „die Nähe zum Pfarrer und die Nähe zum Altar" haben ihm gut getan, meint Ochabauer heute, wo er selbst Pfarrer ist und ganz nahe am Altar stehen darf. Dabei wollte er ursprünglich diesen Weg gar nicht einschlagen, zumindest gab es bei ihm „kein markantes Ereignis", keine Eingebung, keine Vision, von der aus man dann fast nicht mehr anders kann, als ein geistliches Leben zu wählen. Für ihn stand am Anfang mehr eine Neigung, eine Begeisterung für kirchliche Dienste, den kirchlich geprägten Alltag und einen gelebten Glauben. Und eine Faszination für den Priesterberuf. Dies schien auch der damalige Ortspfarrer gemerkt zu haben, sodass er den jungen Ochabauer auch zum Besuch des Knabenseminares in der Grazer Grabenstraße ermutigte. Damals, in den kargen dreißiger Jahren, in der Abgeschiedenheit von den Zentren des Landes, war es auch die einzige Möglichkeit,

eine weiterführende Schulbildung zu erhalten. Mit zwölf Jahren zog Ochabauer los in eine Welt, die für einen kleinen Jungen vom Land groß und weit war. Acht Jahre lang erhielt er hier eine humanistische Ausbildung und erinnert sich vor allem an die Klassengemeinschaft, die er gerne mit einem „Heimspiel" vergleicht. Die Enge des Internatslebens erlebte er nicht als solche, sondern er fühlte sich aufgehoben in der Existenz von anderen. Dem Individualismus, wie er am Beginn des dritten Jahrtausends, im Zeitalter des Neoliberalismus, groß geschrieben wird, kann Ochabauer bis heute nur wenig Positives abgewinnen. Gemeinschaft schränkt zwar auch ein, doch schenkt sie auch viel, nämlich das Gefühl, mit seinen Ängsten und Sorgen nicht allein zu sein.

Nach der Matura, im Alter von 20 Jahren – der Entschluss, Pfarrer zu werden, war mittlerweile gefasst –, übersiedelte Raimund Ochabauer ins Priesterseminar, das ihm von nun an ein Ersatz für das verloren gegangene Zuhause wurde. An der Theologischen Fakultät holte er sich das nötige theoretische Rüstzeug, um dem Volk den Glauben näher bringen zu können. Dann ging's auf Wanderschaft. Als Kaplan lernte er 15 Jahre lang die Steiermark, ihre Menschen und deren Eigenheiten kennen, war in St. Stefan ob Stainz, in Murau, um schließlich in Pöllau seine dauernde Bleibe zu finden. Und Ochabauer meint, dass der Herrgott sicherlich mit viel Wohlgefallen an die Erschaffung der steirischen Landschaft herangegangen ist. Nun, da er sicher ein profunder Kenner in Sachen Schöpfungsgeschichte ist, kann man dem sicherlich Glauben schenken. Die Vielfalt der steirischen Regionen fasziniert ihn auch heute noch und die interessanten Menschen mit ihren eigenen, kleinen und großen Geschichten, mit ihren ganz besonderen Wesenszügen. In Murau, erinnert er sich, dauerte es lange, bis er von den Ansässigen so richtig „eingelassen" wurde, dann aber war das Verhältnis umso intensiver.

Ochabauer ist tief verwurzelt in der Heimat und im Glauben. Aus diesem heraus lassen sich auch innerhalb der Kirche verknöcherte Strukturen aufbrechen, kann die Kirche wieder einen Platz in einer veränderten Gesellschaft finden. Ohne gleich die Grundsätze über Bord werfen zu müssen. Sein Credo lautet: „Den Grundsätzen treu bleiben, aber mobil sein und dynamisch – so wie es Jesus war." Sich „nicht versperren vor den Veränderungen der Zeit", aber sich auch nicht blind jedem Zeitgeist, jedem Trend ergeben. Die Kirche tut sich damit teilweise sicherlich schwer. Er möchte die Kirche dort haben, wo sie über Jahrhunderte hinweg immer war. Mitten im Dorf. Aber nicht über den Menschen, am obersten Ende der Hierarchie, sondern mitten unter ihnen. Ochabauer will nicht der „Herr Hochwürden" sein.

Die Kirche war immer der Hauptplatz, von hier weg zählte man die Straßennummern der umliegenden Häuser. Noch in diesem Jahrhundert war der Einfluss der Kirche und der christlichen Glaubenslehre auf den Alltag der steirischen Bevölkerung enorm. Die Religion war fest im Leben der Menschen verankert. „Was die Zehn Gebote Gottes beinhalten", sagt Ochabauer, „sedimentierte in die Verhaltensregeln des zwischenmenschlichen Umganges." – „Die Steirer sagen", demgemäß, „etwas gehört sich oder gehört sich nicht." Begründet musste das nicht werden, man hielt sich einfach daran. Mehr oder weniger jedenfalls. „Wenn jemand damals am Sonntag nicht zur Messe erschienen ist, glich das einem Skandal", weiß Ochabauer auch aus eigener Erfahrung. Heute ist dem nicht mehr so. Die Finger gesellschaftlicher Veränderungen und Umwälzungen in der weiten Welt haben auch in das Miteinander der Pöllauer gegriffen. „Alte Verbindlichkeiten", die in „Brauch und Sitte ihren Ausdruck" fanden, gelten heute nur mehr bedingt, in den meisten Fällen aber überhaupt nicht mehr. Vielfach war aber auch die Kirche durch eine selbstauferlegte Starrheit für den sinkenden Einfluss verantwortlich. Dies führte zu einem Nachdenken über die eigene Rolle in der Gesellschaft. Solche Selbstreflexionen über das

Priestersein und das Verhältnis zwischen Kirche und Volk sind kein Novum. Sie gehören zur Kirchengeschichte wie die Sterne zum Himmel. Und Raimund Ochabauer denkt auch viel nach. Darüber, wie er den Menschen das geben kann, was seiner Meinung nach wichtig ist: Hoffnung, einen Glauben an das Gute im Menschen und das Gute der Zukunft. „Man muss das Leben wagen, Zuversicht entwickeln. Man kann nicht alles programmatisch vorausplanen, alles wissen, wie es wird." Ochabauer verfügt über dieses Gottvertrauen, über die Erdung, die notwendig ist, um sich auf das Abenteuer des Lebens einzulassen. Seine sanft brummende Stimme verrät viel von der Ruhe und Gelassenheit, die in ihm ist und die er auf Schritt und Tritt ausstrahlt. Wichtige Voraussetzungen für

jemanden, der die Seelen der Menschen berühren können muss. „Ein Pfarrer muss auch Psychologe sein, er muss die Menschen aufrichten, wenn sie ihre Köpfe hängen lassen." Das geht aber nur, wenn er seine Schäfchen kennt. Und darum geht er hinaus. Dorthin, wo die Menschen sind. Und die sind bekanntlich fast überall, und überall, wo Menschen sind, ist auch der Herrgott zu finden. Und der Herrgott ist auch in der Natur, die Ochabauer besonders am Herzen liegt und um deren Rettung und Erhaltung er auch in seinen Predigten kämpft. Eine intakte Natur ist für alle Menschen wichtig, für die Menschen im Pöllauertal aber besonders. Denn auch an Pöllau ging der Kelch der Arbeitslosigkeit und der notwendigen Strukturveränderungen in der Beschäftigung nicht spurlos vorüber. Arbeit gibt es vielfach nur in städtischen Ballungszentren, die Landwirtschaft schafft es nicht mehr, alle zu ernähren. Auspendeln. Abwandern als logische Folge. Umdenken war also notwendig.

1994 hatten über 100.000 Menschen die „Wege zur Kraft", zur Landesausstellung in Pöllau beschritten. Der Anteil der Erstbesucher war dabei mit 40 Prozent enorm hoch. Genug Potential für einen sanften Tourismus, hier an den geschwungenen Ausläufern des Masenberges. Sie werden sich vielleicht wundern, was das alles mit Raimund Ochabauer zu tun hat. Nun, eine ganze Menge; ist er ja nicht nur als Seelsorger seiner Gemeinde, sondern auch als Obmann des hiesigen Tourismusverbandes, dem sechs Gemeinden angehören und der sich um die touristische Vermarktung des Naturparks Pöllauertal kümmert, auf der Seite der Menschen, auf der Seite des Menschen aktiv. Er schlüpft

gerne in die Rolle des Organisators und nutzt seine Popularität fürs Marketing, um Menschen und Geld in die Region zu bringen.
Eine schwierige Aufgabe, eine Gratwanderung. Denn, so Ochabauer, man darf sich dem „Markt nicht verkaufen". Wirtschaften erfordert Verantwortung und Nachhaltigkeit, meint er, und man darf dabei den Menschen in seiner Würde und seinem Wert an sich in keiner Minute aus den Augen verlieren. „Die kapitalistischen Strömungen" sind sicherlich ein Problem für die Menschen. Ein tiefer Humanismus strahlt aus ihm, wenn er das sagt. Er fordert Lösungen an der Basis, Antworten auf Probleme müssen von unten, vom Volk, kommen, von den Menschen, die hier ihren Alltag bewältigen. „So, jetzt setz ma uns zusammen und red'n einmal", lautet seine Devise. Im kleinen Rahmen, im Austausch überzeugter Idealisten hat das Christentum auch begonnen, ist Ochabauer überzeugt. Er schafft es scheinbar mühelos, die Zeitlosigkeit und Alltagstauglichkeit christlicher Ideale unter Beweis zu stellen. Bei ihm klingen moralische Richtlinien nicht wie hochtrabende Wunschvorstellungen, er überführt durch sein Leben und Wirken Glaube, Liebe und Hoffnung in die Lebenswirklichkeit des 21. Jahrhunderts. Pfarrer zu sein bedeutet für ihn, Basisarbeit zu leisten, für „Solidarität, ein Miteinander und Toleranz" einzutreten. Er sagt das aber nicht nur, er tut es auch.

Raimund Ochabauer vereinigt viele Professionen und Rollen in seiner gestandenen Person: Pfarrer, Manager, Entertainer, Psychologe, Zuhörer, Schauspieler und Freund. Und sein Handeln ist auch politisch. Nicht im Sinne von Parteipolitik, diese Zeiten sind auch in Österreich vorbei, sondern er nimmt, so wie er seine Rolle als Priester interpretiert, automatisch Einfluss auf das Zusammenleben der Pöllauer, will sich „einmischen" in die res publica, will zur Förderung des Gemeinwohles beitragen. Er will für die Menschen Spuren in die saftige oststeirische Erde ziehen, ob sie diesen folgen wollen, liegt an ihnen selbst. Wenn jemand den Titel Steirische Eiche verdient, dann Raimund Ochabauer. Ach ja, dieser Titel ist schon für jemand anderen reserviert. Macht nichts. Ochabauer ist sowieso mehr wie eine Buche oder eine Linde oder eine Fichte oder wie ein ganzer steirischer Wald. Man geht hinein, kraftlos, Ruhe suchend, rastet. Sonnenstrahlen leuchten aus der Ewigkeit durch das Blätterdach und erhellen einen sonst finsteren Platz. Man atmet in tiefen, gleichmäßigen Zügen, kehrt zurück und spürt einfach, dass das Leben schön ist.

Markus Russegger

Familie Renner

Früchte steirischer Erde

Es ist Frühsommer. Einer von diesen Tagen, die wohl Begrifflichkeiten wie „Kaiserwetter" zu ihrem Durchbruch verholfen haben. Ich wusste gar nicht, wie blau so ein wolkenloser Himmel sein kann. Und die Sonne – wie angenehm sie doch wärmt, in diesen frühen Vormittagsstunden. Sanft abfallende Hügel, gezeichnet von den nahezu unwirklich anmutenden Strukturen der unterschiedlichen Weingärten begleiten mich schon eine ganze Weile auf meinem Weg entlang der steirisch-slowenischen Grenze. Dort und da sieht man die roten Ziegel der einfachen Häuser aus dem Meer der schier unzähligen Grünschattierungen blinzeln. Umrahmt von majestätisch emporragenden Pappeln wirken sie wie kleine friedliche Oasen inmitten dieser von Menschenhand geprägten Landschaft. Und irgendwo dort muss er wohl sein, der Himbeerhof von Margret und Valentin. Schmale Straßen, die mich ein wenig an das Gewirr eines Spinnennetzes erinnern, legen sich über die Weinberge, lassen mich zweifeln, ob ich noch auf dem richtigen Weg bin. Ich bleibe an einer freundlich einladenden Buschenschänke stehen und erkundige mich. „Ach, zu meiner Schwägerin möchten Sie? Ja, da sind Sie hier richtig. Fahren Sie einfach die Straße hier runter und dort drüben wieder hinauf. Sehen Sie, dort auf der Anhöhe, da hat die Margret ihren Hof." Ich bedanke mich, steige wieder ins Auto und freue mich schon darauf, selber herausfinden zu dürfen, was denn nun dran ist an den Lobeshymnen, die man auf die erlesenen Köstlichkeiten und ausgewählten Weine von Margret und Valentin singt.

„Himbeerhof, Familie Renner" steht auf dem von üppiger Blumenpracht umrankten Schild geschrieben, das die enge Hofeinfahrt ziert. Ein altehrwürdiger und weit ausladender Kastanienbaum nimmt fast den ganzen Platz im Innenhof ein. Es ist gerade so, als ob er in seiner majestätischen Positur schützend seine Arme über den groben, aus dicken Baumstämmen gezimmerten Tisch und die Bänke ausbreitet, die in seinem wohltuenden Schatten Platz gefunden haben. Und da erscheint auch schon Margret in der Tür. „Grüß Gott, Frau Renner!", rufe ich ihr zu, während ich insgeheim hoffe, dass sie schneller am Auto ist als der laut bellende Hund, der ebenfalls mit Margret aus dem Haus gekommen ist.

„Keine Sorge, der tut nur so gefährlich. Sie können ihn ruhig streicheln", beruhigt sie mich. „Sie sind also derjenige, der meine Geschichte für ein Buch aufschreiben will? Aber was gäbe es denn da schon

Margret Renner bastelt mit Leidenschaft Geschenkskörbe

zu berichten? Wir sind doch nur einfache kleine Bauern, die von dem leben, was wir anbauen, und so unser Auskommen finden.“ Ich schmunzle nur und denke, wer so bescheiden und gleichzeitig zufrieden ist, von dem kann man durchaus noch einiges lernen.

Wir setzen uns unter den schattigen Kastanienbaum zu Margrets Vater, der gerade die frischen Kräuter aus dem eigenen Garten hackt und zum Einfrieren vorbereitet. Über neunzig ist der erstaunlich lebensfroh wirkende Herr mittlerweile schon geworden. „Aber immer noch jünger als diese Weinstöcke!“, meint er und zeigt mit ein wenig Stolz auf den angrenzenden Weingarten. „Die sind schon älter als hundert Jahre! Die meisten Weinbauern hätten diese Stöcke wohl schon längst ausgerissen, weil sie natürlich lange nicht so viel Ertrag bringen wie jüngere. Aber wir keltern unseren ‚Altsteirer‘ aus diesen unwiederbringbaren Reben. Ganz ohne diese Chemie, ohne die man heutzutage scheinbar nicht mehr auskommt. Und als ob es eine Belohnung dafür wäre, haben wir erst im letzten Jahr eine neue Quelle am Ende des Weingartens gefunden. Die Wasserknappheit kann in dieser Region in manchen Jahren durchaus zu einem Problem werden.“

Valentin Renner in seinem Weingarten

„Da hilft das ganze Reden nichts, den ‚Altsteirer‘ müssen Sie einfach probieren!“, lenkt Margret ein. „Ach ja, noch etwas. Können wir nicht einfach ‚du‘ zueinander sagen, da redet es sich doch gleich viel leichter.“ Und das Eis scheint gebrochen.

„Komm doch einfach mal mit und schau dir meinen Hofladen an." Wir betreten ein kleineres Nebengebäude. Nur wenige Quadratmeter, dafür aber um so liebevoller und im Stil einer Bauernstube eingerichtet – hier erreiche ich endlich das Walhalla südsteirischer Gaumenfreuden. Was Margret zu diesem Zeitpunkt noch nicht weiß, ist, dass ich an sich eine gute Kinderstube genossen habe, mich aber überhaupt nicht zurückhalten kann und will, wenn es um solche ausgewählten Feinheiten geht. Wie sonst kann sie, in ihrem festen Glauben an das Gute im Menschen, riskieren, mich zu einer ausgedehnten Kostprobe einzuladen.

Los geht es mit den raffinierten Marmeladen und Gelees, gefolgt von erfrischenden Fruchtsäften, danach sauer eingelegtes Gemüse. Apropos sauer; die alte Reserve des Himbeeressigs ist so angenehm mild und fruchtig, dass man ihn am liebsten gleich so trinken möchte. Zeit für einen reinigenden Schnaps, bevor ich mich durch süße Himbeeren in Traminer und anderes geistreiches Obst schlängle. Herrlich frische Weißweine bilden beinahe den Abschluss, wären da nicht noch die verführerischen Liköre zu probieren.

Zum ersten Mal an diesem Tag frage ich mich, ob Margret mitunter auch ein Zimmer vermieten würde. Man weiß ja nie, was der Tag noch bringt.

Meine Frage, ob denn das alles aus ihrem eigenen Bio-Anbau stammt, beantwortet Margret

Apfel, Ribisel, Zucchini – aus dem Garten der Familie Renner

Nur eine kleine Auswahl an Köstlichkeiten

Im Sommer werden die von der Sonne gereiften Himbeeren geerntet

mit einem lauten Lachen. „Bio?! Dieses Wort verwenden wir hier überhaupt nicht. Bei unseren Lebensmitteln muss man nicht unterscheiden, zwischen industriell gefertigten Massenprodukten – mit denen ihr bedauernswerten Stadtmenschen leben müsst – und zwischen den ehrlichen Gaben unserer heimischen Erde! Auf unseren zwei Hektar Boden bauen wir je zur Hälfte Wein und Obst an, genau so, wie wir es von unseren Eltern gelernt haben.

Mit ein wenig Gespür für die Launen und Eigenheiten der Natur kannst du unserem Boden auch ohne die chemische Keule wahre Schätze entlocken. Natürlich bedeutet das einiges mehr an Arbeit, aber Valentin und ich kommen damit ganz gut zurecht. Und wenn wirklich einmal Not am Mann ist, dann helfen uns die Nachbarn gerne auch mal aus. Das ist hier so. Nachbarschaftshilfe wird hier gelebt. Und Neid gibt es keinen."

Während ich noch über Margrets Worte nachdenke, kommt jetzt endlich auch Valentin nach Hause – er wollte mich doch schließlich persönlich durch den Keller führen. Hier, in diesen alten Gemäuern lagern sie also, die Vorräte eines ganzen Jahres. Das muss wohl eine Menge an schweißtreibender Schufterei verursachen. „Ja, aber dafür leben wir doch. Für unsere Freiheit und Unabhängigkeit, für die Dinge, auf die wir stolz sein dürfen." Die Arbeit verteilt sich beinahe übers ganze Jahr, erklärt er mir. So ist einmal der Schwerpunkt im Weingarten, im Obstgarten oder eben in Gemüsegarten oder Küche und Keller gelagert. „Mal ist das eine reif zu ernten, mal das andere. Wir verarbeiten alles, wie es kommt. Ist die Ernte schwächer ausgefallen, dann gibt es halt nur unser normales Sortiment, und sonst bleibt für die Margret und mich ein wenig mehr Spielraum, um Neues auszuprobieren. Heuer gibt es zum Beispiel zum ersten Mal Rotweingelee mit Rosmarin. Unsere Gäste sind mindestens genauso

Blick über das südsteirische Hügelland

experimentierfreudig wie wir. Schließlich sind sie es ja oft, die uns auf neue Ideen bringen."

Margret ruft uns. Es ist inzwischen Mittag geworden, und sie hat ihre letzten Steinpilzvorräte geplündert, um noch einmal klassisch steirisch aufzutischen. Schwammsuppe mit Sterz nennt sich diese herzhafte Gaumenfreude. Aber wir verlassen den Keller nicht, ohne noch eine Flasche passenden Weines mitzunehmen. Und so vergeht beim Zusammensitzen die Zeit. Es wird Nachmittag, und der Reigen der verführerischen Verkostungen schließt sich mit einer deftigen Jause. Natürlich nicht ohne die hochprozentigen Begleiter. Das ist jetzt schon der zweite Moment, in dem ich ernsthaft daran denke, Margret zu fragen, ob sie auch Zimmer vermietet.

Und es wird Abend an diesem Tag im Frühsommer. Der Moment, in dem ich Begrifflichkeiten wie „Gastfreundschaft" für mich neu definiere. Ich wusste gar nicht, wie herzlich die Steirer sein können. Und die Sonne – wie angenehm sie noch wärmt in diesen frühen Abendstunden.

Gerhard Löffler

Tina Bauer

Kongress in Grün-Weiß

Juni in Graz, ein außergewöhnlicher Juni. Außergewöhnlich heiß. Wolken woanders, Schatten sind rar.

Eine gut gekühlte Hotellobby. Ort: Hotel Novapark. Flink servierte Getränke. Durchatmen. Ein Termin. „Termine sind wichtig“, zumindest für die Frau, die uns erwartet. Tina Bauer. Im zarten Alter von 25 Jahren war sie bereits dort, wo andere nie hinkommen. In die Riege der Hoteldirektoren. Sie war damit die Jüngste, der das in Österreich jemals gelang. Wobei, das „Frau Direktor“ hört sie gar nicht gerne. Hierarchien mag sie nicht, obwohl sie in ihrem Betrieb de facto ganz oben steht. Dies auch zu zeigen, liegt ihr fern. Manchmal hilft sie auch jetzt noch in der Küche aus, wenn es wieder einmal eng wird. Jetzt, wo sie das nicht mehr nötig hätte. Aber Tina ist sich dafür nicht zu schade. Bescheidenheit, sich nicht größer zu machen als man ist, den Mitarbeitern als Stütze dienen und nicht den großen Zampano spielen. Ein Teil ihrer Erfolgsphilosophie. Wir verlassen den Eingangsbereich, passieren unzählige Zimmer und Konferenzräume, steigen in den Aufzug, um uns auf den Weg zu machen dorthin, wo für Tina alles begonnen hatte. Die Getränke kommen nach. „Danke, Federico“, sagt sie dem jungen Kellner und schickt ein freundschaftliches Lächeln in den Raum.

Im Anfang war nicht das Wort, sondern eine dieser steirischen Kuriositäten: der Erzberg. Ein Ort, der – so mystisch und magisch, so hoffnungsvoll und zukunftsreich er einmal gewesen sein mag – sich heute zu einer der Krisenregionen Österreichs entwickelt hat. Dass es so kommen würde, schien Tinas Vater schon damals geahnt zu haben, damals, als sie ihm ihre Vorstellungen bezüglich der eigenen Zukunft verkündete. Tina Bauer wollte nämlich nur eines: Automechanikerin werden. Wie man aus entwicklungspsychologischen Untersuchungen weiß, spielt das Umfeld, in dem man aufwächst, bei der Berufswahl oft eine wichtige Rolle. Man stelle sich nun vor: vier Brüder, drei davon selbst Mechaniker, junge Burschen also, auf röhrenden Mopeds, getunte Zweier-Golfs, der Erzberg, viel Gummi auf dem Asphalt. Und mitten drin die kleine Tina mit ihrer Puppenküche? Nein, so war das sicher nicht. Aber egal, sicher ist nur, dass Tina auch schon in ihren jungen Jahren wusste, was sie wollte. Einen Lehrplatz hatte sie sich bereits organisiert, und als sie dann dem Vater davon erzählte, meinte dieser nur: „Nix da, kommt nicht in Frage, aus dir wird was G'scheit's!“ Nun,

Automechaniker ist sicherlich was G'scheit's, aber Hoteldirektorin ist auch nicht schlecht. Dass es einmal so weit kommen würde, daran dachte natürlich niemand. Aber der Papa kannte seine Tochter, sah ihre Talente und sah auch voraus, dass sie diese hier unter dem Erzberg wohl nur schwer entfalten würde können.

Tina, jung, voller Energie und Elan, wissbegierig, weltoffen und ehrgeizig. Also Wiedersehen, Kerzenstecker, Auspuffkrümmer und Zylinderkopfdichtung, Willkommen, Kochlöffel, Servierwagerl und Check-in-Schalter! Erzberg, ade, hallo, Oststeiermak, grüß dich, Bad Gleichenberg. Servus, Hotelfachschule. Drei Jahre lang drückte Tina die Schulbank in einer der Kaderschmieden der österreichischen Gastronomiebranche und lernte dort, was es heißt, einen Gast zu bewirten, Gastgeber zu sein. Das ist es auch, was Tina sein will: Gastgeberin. Es waren harte Jahre, besonders das Erste. Tina war todunglücklich, vermisste die Freiräume, wollte lieber tun und lassen können, wozu sie Lust hatte und nicht, was ihr ein straffer Lehrplan vorschrieb. Was ihr in den Schulmonaten versagt blieb, holte sie in den Ferien nach. Freiheit leben, mit den Freunden unterwegs sein, auf dem Motorrad. Steppenwolf im Ohr, ein Hauch von Easy Rider. Tina biss durch und schaffte es. Dann wollte sie am liebsten gar nichts tun. Sie war „overloaded", wie sie das heute ausdrückt. Aber der Vater gönnte ihr die Ruhe nicht. Eben erst zurückgekehrt in heimatliche Gefilde, verließ sie

ihr Nest auch schon wieder in Richtung Zell am See, das Mövenpick Plaza sollte die erste Station auf Tinas Karriereleiter sein, die sie nun Sprosse für Sprosse immer höher kletterte. Dort lernte sie auch die Liebe kennen, und diese führte sie nach einer Saison vom Salzburgischen wieder nach Süden in die Murmetropole Graz. Schlossberghotel, im Café, dann im Austria Trend Hotel Europa. Position ganz unten, im Kellerbistro. Die klassische Schule der Hotelketten. Unten anfangen, dann in die anderen Abteilungen hineinschnuppern und wenn man das Zeug dazu hat, langsam nach oben kommen. Sich nach oben arbeiten. Tina war das recht, allerdings handelte sie sich aber schon bei der Einstellung die Zusicherung aus, nach sechs Monaten in die Direktions- und Bankettabteilung wechseln zu können. So kam es auch. Über zwei Jahre war sie dort und lernte dazu. Viel sogar, doch Tina, damals gerade 19 Jahre jung, wollte mehr.

Die Schweiz rief. Fünfzehn Stellen hatte sie zur Auswahl, die sechzehnte wurde es. Zufällig. Tina spazierte zwischen den Bewerbungsgesprächen durch Zürich, vorbei an altehrwürdigen Bankhäusern und eleganten Luxusboutiquen. Dabei streifte sie ganz zufällig das Hotel Schweizer Hof. Das gefiel ihr, also rein und einmal nachfragen, ob es nicht zufällig Arbeit gibt. Die gab es, und Tina wurde vom Fleck weg engagiert. Zufällig, wie sie betont. Wie wir seit Hölderlin wissen, sind Zufälle immer die Kreuzungspunkte zweier Notwendigkeiten. Und Tina hat sicherlich die Gabe und den Mut, sich mitten in solch einen Kreuzungsbereich zu begeben. Sie nimmt ihr Schicksal in die Hand, weiß, dass sie für sich selbst verantwortlich ist. Sie ist unbekümmert und lebt mit dem sicheren Gefühl, mit beiden Beinen fest auf der Erde zu stehen, verfügt also über jene Eigenschaften, die es uns erlauben, weite und hohe Sprünge zu machen, ohne mit einer Bruchlandung wieder aufzusetzen. Sie bezeichnet sich selbst ironisch als „Bergadelige“. Das „Sie“ ist ihr fremd, ein herzliches „Du“ wesentlich lieber. Damit spielt sie sich locker in die Herzen der Menschen. „Ein grader Michel“, wie das im Volk so heißt, aber nicht michelhaft burschikos, sondern mit viel feinem Charme und femininer Eleganz. Die Erdung des Berges, der Stil des Adels – die Metapher sitzt. Stil und Eleganz waren es auch, was sie am Schweizer Hof faszinierte. Das prickelnde Glas Champagner, mit dem die Hotelgäste der Upper-Class an der Rezeption

willkommen geheißen werden, die schmucken Zimmer, den feine Umgang mit den Gästen.
Das alles nahm Tina mit, denn nach einigen Monaten kehrte sie, die Beziehung zu ihrem Freund in den Vordergrund stellend, wieder zurück nach Graz. Tina hatte aber viel gesehen, genug offensichtlich, um in der Heimat zu reüssieren. Der Wiederanfang in Graz sollte aber schwierig werden, denn die Zeit in Zürich hat bei Tina doch Vorstellungen über eine Art des Arbeitens geweckt, die sich hier in der österreichischen Provinz kaum verwirklichen ließen. Der Glanz eines Tophauses, auf einem der teuersten Pflaster der Welt unweit der sanft plätschernden Limmat strahlte noch zu hell in Tinas Erinnerungen. Man kennt dieses Gefühl, das sich oft einstellt, wenn man aus einem Urlaub aus der weiten Welt wieder in seine vier Wände zurückkehrt und sich nach dem verlorenen Zauber des Fremden, des anderen, des Nicht-Alltäglichen sehnt. Doch Tina versank nicht in Wehmut ob der verloren gegangenen schönen Zeit, sondern nutzte die Gelegenheit, um sich weiterzubilden. Die

Konzessionsprüfung und einige Sprachkurse standen nun auf der Tagesordnung. Und schon bald sollte sich wieder eine Gelegenheit bieten, um das zu entfalten, was in ihr schlummerte und unbedingt hinauswollte. Kreativität und der Wunsch, etwas zu gestalten, die eigenen Vorstellungen Realität werden zu lassen. Das Nicht-Nachtrauern um vermeintlich verlorene Chancen ist es auch, was sie stets davor bewahrt, in Agonie zu verfallen.

Wie gesagt, eigentlich wollte sie dort, wo sie jetzt ist, in die Welt der Eingangshallen und roten Salons ja ursprünglich gar nicht hin. Autos und alles, was damit zu tun hat, waren es, wo sie sich glücklich fühlte. Wäre der Papa nicht gewesen, hätte sie heute vermutlich irgendwo an Vergasern herumgebastelt und Einspritzdüsen eingestellt. Aber, so ist sie überzeugt, sie hätte sich auch im Kfz-Bereich mit Sicherheit selbstständig gemacht, etwas Eigenes aufgebaut. Längst eine eigene Werkstätte besessen. Da drinnen ist eben was, und das muss raus. Ideen verwirklichen, Ziele erreichen. Dazu braucht sie einen Freiraum, einen Raum, in dem sie sich entfalten kann. Jetzt tut sie das eben in einem anderen Bereich, der ihr so fremd auch gar nie war. Sie hat die Gasthausatmosphäre in ihrer Kindheit ebenso in sich aufgesaugt, wie den Duft von schnellen Autos. „Ein Gasthauskind" sei sie gewesen. Ihr Vater hatte ein solches mit seinem Freund zusammen betrieben, etwas Kleines mit einer Naturkegelbahn im Freien. Schmiragelbahn, heißt das in Eisenerz. Ein schmaler Holzbalken in der Erde, über den mehr oder weniger gestandene Männer die Kugeln in Richtung alle Neune krachen lassen. Dort hinter einer Bretterwand stand sie oft, beobachtete das Spiel und verdiente sich mit dem Kegelaufstellen ein süßes Kracherl. „He, Kegelbua, mogst wos trinken?" Gasthäuser, besonders am Land sind Kommunikationsdrehscheiben, Orte des Gesprächs, und beim Reden kommen bekanntlich die Leute zusammen. Das Reden erzeugt Offenheit, eine Eigenschaft, die Tina hat und braucht und die, so ist sie überzeugt, aus ihrer Zeit im Gasthaus stammt. Damals war sie für viele das kleine „Bauernmenscherl", lebte allein mit dem Vater, der, wie könnte es anders sein, am Erzberg sein täglich Brot verdiente. Einfache Verhältnisse.

Aber ein Zuhause. Allein war sie viel und oft, gefühlt hat sie sich so aber nie. Selbstständig habe sie das gemacht, sagt sie. Ich sehe mich um und denke: Klingt glaubwürdig.

Heute ist Tina Chefin eines Unternehmens, das sich in den letzten Jahren in seinem Wachstum beinahe selbst überholt hat. Dazu die Fakten: September 1995: zehn Zimmer. September 1999: 120 Zimmer. Sauna, Schwimmbad, Fitnessbereich, Seminar- und Konferenzräume für bis zu 700 Personen. Aus einer kleinen Pension in einer nicht gerade leicht zu verkaufenden Lage, in einer Sackstraße im Norden von Graz entstand das mittlerweile größte Dreisternehotel der Stadt, mit dem umfangreichsten Seminar- und Tagungsbereich im Raum Graz. Und das alles unter der Regie von Tina Bauer. Das Hotel trägt ihre Handschrift. Hier kennt sie jede Schraube und löst ein handwerkliches Problem auch schon mal ganz allein. Ungewöhnlich! Im ganzen Haus sollen sich ihr Geschmack und ihr Dasein widerspiegeln. Stilvoll soll es sein, aber nicht zu protzig. Ist es auch, zweifelsfrei. Sie sorgt nicht nur für ein zahlenmäßiges Wachstum, sondern auch dafür, dass die zunehmende Größe nicht die Gemütlichkeit und das familiäre Flair aufsaugt. Die Gäste merken und schätzen das und kommen immer wieder. Und dabei war die Art, wie Tina zu diesem Job kam, wieder einmal recht außergewöhnlich. Kein: „Und hiermit möchte ich mich um die Stelle der Hoteldirektorin bewerben, ... habe ich zwei Monate, ... Erfahrung im, ... Herausforderungen machen mir Spaß, ..." Tina bewarb sich nicht, sondern sie wurde geworben.

Nach ihrer Rückkehr aus der Schweiz wurde sie von einem bekannten Gastronomen gebeten, ihn an der neu errichteten Hotelrezeption zu unterstützen. Daraus wurden dann drei Jahre, und erst ein folgenreiches Blind-date beendete dieses Intermezzo. Ingenieur Neukam, der Besitzer des Novaparks, hatte sie im Hotel Bokan kennen und schätzen gelernt. Eines Tages wurde sie ins Brauhaus Puntigam gerufen, ohne zu wissen, warum, und als ihr Herr Neukam gegenübersaß, ging ihr langsam ein Licht auf. Tina war damals gerade einmal 25 Jahre alt. Ein zierliches „Mädchen“ mit einer zarten Stimme. „Ich sah aus, wie ein siebzehnjähriges Mäderl“, meint Tina mit einem verschmitzten Lächeln auf den Lippen. Nicht selten kam es vor, dass Verhandlungspartner sich weigerten, mit einem Lehrmädchen zu sprechen. Verständlich irgendwie. Dass das „Lehrmädchen“, das vor ihnen stand, die Direktorin war, konnte ja auch wirklich niemand ahnen.

Tina wurde mit ihrem Vorhaben oft belächelt, die Umstände schienen gegen sie zu sprechen. Zu jung, schwierige Lage des Hauses, dieses zu Beginn nicht mehr als eine Baustelle. Und sie musste sich den Respekt erst erarbeiten. Anfangs war das schwierig, unter den arrivierten Direktoren und Geschäftspartnern war sie oft kleinlaut. Mit der Faust auf den Tisch zu hauen, ist nicht ihre Art. Doch sie biss abermals durch und schaffte es wieder, mit „Knochenarbeit und viel Verzicht“, gestützt durch das Vertrauen, das Herr Neukam ihr entgegenbrachte. Ihr Geheimnis klingt dabei ganz einfach: Glaube und vertraue dir und mach es gerne. Tina Bauer liebt und lebt ihren Beruf. Er ist ihre Leidenschaft. Und manchmal leidet sie auch, aber nur ein bisschen und ganz kurz. Manchmal sehnt sie sich nach einem Ort, an dem sie niemand kennt, zumindest nicht als Frau Direktor, aber, wie gesagt, nur manchmal und nur ganz kurz.

„Die Eisenerzer sind sture Leut“ und somit auch Tina Bauer. Wenn sie etwas angeht, dann zieht sie das auch durch. Der Steirische Erzberg stand, wie gesagt, am Anfang. Der Berg war zwar nicht verantwortlich für den Erfolg der Tina Bauer, das kann er ja gar nicht. Aber ein paar Eigenschaften, die sich die Menschen von dort oben angeeignet haben, waren ihr sicherlich ganz hilfreich bei ihren Vorhaben.

Irgendwann einmal möchte Tina Bauer vielleicht etwas Eigenes haben, eine kleine, elitäre Pension etwa, aber momentan ist sie im Novapark zu glücklich, um an etwas Anderes zu denken. Angebote, auch besser bezahlte, hätte sie genug. Keine Chance. Denn hier kann sie das sein, was sie will: Gastgeberin. Aber das hatten wir ja schon.

Anne Raber

Team Styria

Integration auf Steirisch

Bei diesem Titel drängt sich mir unweigerlich der Gedanke an steirische Jause, guten, von Preisen verwöhnten Wein, an steirisch Feste feiern auf. Gemeinsamkeit, Gemütlichkeit, zusammen sein, dazugehören und integriert sein. Das erwähnen die Steirer gern, und es zeichnet sie wohl tatsächlich auch aus. Obwohl wir doch in einer Zeit leben, in der man zuerst an sich selber denken, sich durchboxen muss.

Doch hier soll es um eine ganz andere Art von Integration gehen. Den Menschen in den Vordergrund stellen, bezeichnet Direktor Johann Brence, Geschäftsführer der Werkstätten Team Styria, seine Art von Integration. Dies ist sein Ziel, schildert er am Beginn seiner Erzählung, als er, offensichtlich von geschäftlichen Terminen in Atem gehalten, sich für seine Verspätung entschuldigend das Büro betritt. Geschäftliche Termine in einer Filiale in Trieben.

Team Styria ist eine seit 20 Jahren bestehende Werkstätte mit den Bereichen Möbeltischlerei, mechanische Werkstätte, Auspuffbau, einer kleinen Elektronikwerkstätte, einer kleinen Druckerei und einer eigenen Schulungsmaßnahme. Auf den ersten Blick eines von vielen Unternehmen. Das Besondere daran ist, dass hier 300 MitarbeiterInnen beschäftigt sind, wovon 80 Prozent eine körperliche, geistige, psychische oder Mehrfachbehinderung aufweisen. Alle, auch die nicht behinderten MitarbeiterInnen haben aus der Arbeitslosigkeit heraus eine Beschäftigung, eine Arbeit gefunden.

Den Menschen in den Vordergrund stellen, wobei die Person, die mir nun gegenübersitzt, es schafft, sich selbst immer wieder in den Hintergrund zu stellen. Es ist gar nicht so leicht, von einem derart bescheidenen Menschen etwas über sich selbst zu erfahren. Über die Firma möchte er reden, das liegt ihm offensichtlich am Herzen. Dass die Firma maßgeblich mit ihm zu tun hat, ist klar, und wenn man in der Triesterstraße 388–390 stehen bleibt, dann wird man schnell erkennen, dass hier Bescheidenheit fehl am Platz ist und das Ergebnis jahrelanger Arbeit sichtbar wird.

Doch beginnen wir am Anfang, als sich Johann Brence entschlossen hat, sein soziales Engagement beruflich umzusetzen. Behinderung hat ihn immer schon interessiert. Seinem Menschenbild entsprechend ist es ihm wichtig, dass sich der Behinderte in der Gesellschaft so bewegen können soll wie der Gesunde. Und dazu sei ein Beruf absolut notwendig, denn Anerkennung in der Gesellschaft sei zu einem Großteil mit Arbeit verbunden. Gleichstellung in der Gesellschaft ist

sein dringendstes Anliegen. Doch wie kommt der gelernte Techniker dazu, gerade hier aktiv zu werden?
Seine Motivation, sich für die Belange behinderter Menschen einzusetzen, so berichtet er, sei zum Teil durch eigene Betroffenheit entstanden. Mit Behinderung umzugehen, sei ihm aus dem eigenen Familienkreis bekannt. Sein Verwandter habe zwar eine gute Schulbildung absolvieren können und sei auch berufstätig, aber ihm ist auch bewusst, dass er es, obwohl keine schwere Behinderung vorliegt, ohne Hilfestellung nicht geschafft hätte. Das Erleben der besonderen Anstrengung sozial benachteiligter Menschen weckte in ihm besonderes Interesse, sich für diese Menschen einzusetzen.
Doch zunächst war Johann Brence nahezu 30 Jahre in der Privatwirtschaft tätig, wo er, wie er betont, sehr wertvolle und für seine jetzige Arbeit bei Team Styria hilfreiche Erfahrungen sammeln konnte. Jedoch stand er dem ausschließlichen Streben nach Gewinnmaximierung (obwohl dies schon viele Jahre her sei) skeptisch gegenüber. „Ich dachte mir immer: Gibt es nicht irgendwo was anderes auch noch?“ Es war die Suche nach etwas, wo der Wert des Menschen mehr im Vordergrund steht. Sind Gewinnorientierung und Menschlichkeit vereinbar? Diese beiden Erfahrungen haben in ihm ein ganz besonderes Interesse an dem Thema Behinderung und Beruf geweckt.
Der Kontakt mit dem damals noch als „Geschützte Werkstätte“ bezeichneten Betrieb ergab sich für

ihn mehr oder weniger zufällig. Offensichtlich gern denkt er an seinen ersten Besuch bei der Geschützten Werkstätte zurück und sagt, dass diese ihm sofort gut gefallen hätte.
Seine Entscheidung, dort mitwirken zu wollen, sei schon gefallen, als er die Werkstätte zum ersten Mal gesehen hatte, fügt er mit einem wissenden Lächeln an. Wahrgenommen hat er schon ganz zu Beginn eine hohe Motivation bei den MitarbeiterInnen, von der er auch heute noch überzeugt ist.
Damals schrieb der Betrieb große Verluste. Aber der Reiz war groß, die Werkstätte wirtschaftlich

auf Vordermann zu bringen, jedoch ohne den Menschen aus dem Blick zu verlieren. „Da ist der Zug auf dem Gleis gestanden“, und dieser hat sich in Bewegung gesetzt.

Er wird in seiner Erzählung durch das Klingeln des Telefons unterbrochen, welches ihn immer wieder auf Trab hält. Wichtige Dinge gibt es immer wieder zu besprechen, freundlich, versteht sich. Man braucht ihn, um Entscheidungen zu treffen, um sich Rat einzuholen. Manches Mal meldet sich auch die Sozialarbeiterin, die eingestellt wurde, um die Mitarbeiter bei ihren sozialen Belangen zu unterstützen. Dann werden Probleme besprochen, Anliegen der Beschäftigten vorgebracht. So kann er sich sicher sein, immer wieder an das Soziale in seiner Firma erinnert zu werden, auch wenn es ganz sicher nicht immer leicht ist, auf alle Wünsche einzugehen.

Der Arbeitsalltag von Direktor Brence beginnt in der Früh um 7.15 Uhr. Dann „lauern“ oft schon Mitarbeiter, die als erstes einmal Wünsche vorbringen, oder es sind verschiedene Dinge zu regeln. Immer präsent sein, Kontakte zu Politikern. Es werden auch schon einmal kleinere Probleme an ihn herangetragen, die auf anderer Ebene gelöst werden könnten. Aber er ist wohl nicht der anonyme Geschäftsführer, den man sich nur in letzter Konsequenz aufzusuchen traut.

Anschließend geht es zu einem Kundentermin, Verhandlungen, Besprechungen. Dann ein Termin am Standort Trieben, wo es um die Pensionierung eines Mitarbeiters geht, und weiter nach Kapfenberg, wo es die Begradigung eines Grundstückes geben soll. Denn neben Graz gibt es die drei Standorte Trieben, Kapfenberg und Spielberg. Die Kapazität hat sich verdoppelt, es bewegt sich was.

Bildung und Weiterbildung sind ein wichtiger Bestandteil dieser Firma. Es gäbe zwar schon viel mehr schulische Integrationsmaßnahmen als früher, Behinderte hätten es aber besonders schwer, eine gute schulische und berufliche Qualifikation zu bekommen. Viele Hürden seien zu überwinden, was er an den Geschichten seiner MitarbeiterInnen erleben konnte.

Neben dem Erlangen von fachspezifischen Fertigkeiten in einer Schulungsmaßnahme sei es besonders wichtig, auch soziales Kompetenztraining anzubieten, Fähigkeiten zu vermitteln, die im Berufsalltag wichtig sind, „Lebensweisheiten“, wie er dies nennt. Über 200 MitarbeiterInnen haben die Schulung bereits absolviert, viele mit

Lehrabschlussprüfung abgeschlossen. 50 der 300 Beschäftigten stehen derzeit in Ausbildung zum Bürokaufmann/-frau, Tischler, Schlosser und neuerdings auch zum EDV-Techniker, Medientechniker und Mediendesigner.

Klar ist ihm, dass es nicht ausschließlich um Profit gehen kann, denn natürlich brauchen die behinderten MitarbeiterInnen für ihre Werkstücke mehr Zeit, und Zeit ist ja heute sehr rar geworden. Aber Zeit gibt er ihnen, und Lohnkostenzuschüsse sind ihm dabei hilfreich. Wogegen er sich aber vehement wehrt, ist die Schlussfolgerung, dass damit auch ein Qualitätsverlust verbunden ist. Konsequent und gleichberechtigt muss auch er sich am Markt behaupten, um Kunden werben, und dabei stehen für ihn Qualität, Termin und Preis im Vordergrund und nicht die Tatsache, dass er sich sozial engagiert. Gleichstellung auch hier, und nicht an das Gewissen anderer appellieren.

Aber es geht, wenn man die Stärken jedes Mitarbeiters fördert, den Menschen richtig einsetzt. Aus diesem Grund gibt es auch vor jeder Neueinstellung eine medizinische und berufskundliche Begutachtung durch das Bundessozialamt, so dass jeder seinen Stärken und seinen Einschränkungen entsprechend eingesetzt werden kann.

Dass seine Beschäftigten eine hohe Leistung erbringen, ist ihm wichtig, und er stellt fest, dass diese häufig sogar mehr Leistung erbringen müssen aufgrund von körperlichen, geistigen oder psychischen Beeinträchtigungen.

Deutlich wird dies, als wir durch die Werkstätte gehen. Aus den verschiedenen Räumen und Hallen weht uns der Wind von harter Arbeit entgegen. Zunächst in der Elektronikwerkstätte, in der knifflige Arbeiten zur Herstellung von Rednerpulten erledigt werden, in Teamarbeit. Der Geruch von Schweißmaschinen; Metall, Holz. In der Tischlerei arbeitet ein Mitarbeiter an einer CNC-gesteuerten Fräsmaschine, mit der schwierigste Figuren aus Holz hergestellt werden können. Eine Mitarbeiterin erklärt, dass hier Büromöbel für eine Firma maßangefertigt werden. Dann erreicht uns ein ohrenbetäubender Lärm. Wir sind beim Auspuffbau angelangt, wo MitarbeiterInnen mit Gehörschutz arbeiten. „Rohrlochstanzerei" versucht sich Direktor Brence verständlich zu machen. Ich notiere bereits Rohrlauchstanzerei, woraufhin er mir glücklicherweise noch lachend erklärt, dass Lauch in die Suppe gehört, nicht zum Auspuff; logisch irgendwie.

In seiner Arbeit als Geschäftsführer lernt Johann Brence die Menschen, die bei ihm arbeiten, kennen, und im Laufe seiner 13-jährigen Tätigkeit hat er sie aufmerksam beobachtet. Er blickt zurück und stellt fest, dass für ihn behinderte Menschen sensibler sind, nicht schwieriger, empfindsamer einfach. Sensibler sicher aufgrund ihrer Lebensgeschichte oder auch weil die psychische Belastung größer war. Daraus folgt für ihn, dass auch er sensibler

im Umgang mit ihnen sein muss. Natürlich gibt es auch hier schwierige Mitarbeiter, aber die findet man überall.

Jetzt, nach 13 Jahren Geschäftsführung darf er auch schon mal einen Gedanken an seine Pension „verschwenden". Zwei bis drei Jahre noch, in denen er noch einige Projekte angehen und abschließen möchte wie die Sanierung der Grazer Gebäude oder im Bereich Verkauf an Großkunden. Einen Teil seiner Tätigkeiten möchte er bald an einen zweiten Geschäftsführer abgeben. Als ich ihn zum Abschluss nach schlechten Erfahrungen im Laufe seiner Arbeit frage, fallen ihm fast keine ein. Außer vielleicht, dass es eine Zeit gegeben hat, in der Konjunkturschwankungen Probleme machten, auf die jede Firma mit Personalveränderung reagieren würde. Und an dieser Stelle kann man doch erahnen, dass es schon sehr viel Kraft zu kosten scheint, sich mit einem sozialen Anspruch am freien Markt durchzusetzen. Aber auch von den besonders positiven Erfahrungen möchte er nicht so gern reden – wie gesagt: Bescheidenheit, so kann ich nach unserem Gespräch feststellen, zeichnet diesen Menschen ganz besonders aus.

Andrea Hrovat

Renate Kraft

Der Steirer G'wand

Ein Tag wie jeder andere auch. Oder doch nicht? So ein herzerfrischender Dienstagmorgen. Eine noch träge blinzelnde Sonne, das Rauschen der Mur, der Blick auf den Schlossberg, der Geruch von frischem Gebäck in der Luft und ich voll Tatendrang. Auf dem Weg von zu Hause in mein Geschäft, mir ist Graz so vertraut und lieb geworden. Was ist das für ein unglaubliches Gefühl: „Ich gehe in mein Geschäft, zu meinen Kunden und meinen Mitarbeitern." Was wäre ich ohne sie? Ich könnte auf keinen Fall behaupten, dass mein Broterwerb gleichzeitig mein Hobby ist, wenn sie nicht wären. Aus Kunden und Mitarbeitern werden Freunde, und plötzlich sind sie ein Teil meiner Familie.

Bei meinem Firmenaufbau hat sehr oft das Schicksal den Weg vorgegeben. Dieses Glück, in einem Trakt des Landhauses ein Geschäftslokal mieten zu können. Mit Blick auf den romantischen Renaissancehof. Schon zur Zeit Erzherzog Johanns wurden in diesem prächtigen Bau Beschlüsse gefasst und somit das Land entscheidend geprägt. Durch Erzherzog Johann bekam auch die Tracht einen besonderen Stellenwert. Ab diesem Zeitpunkt war sie nicht nur Arbeitskleidung und Festtagstracht der Landbevölkerung, sondern sie wurde salonfähig. Und ich verkaufe hier nun das „Steirerg'wand".
Die erste Tätigkeit in meinem Geschäft am Morgen ist die Durchsicht, ob sämtliche Größen von allen Modellen nachgereiht sind. Immer wieder dieses „Begreifen" edler Materialien. Das Geheimnis wahrer Qualität. Ich war immer schon ein Schöngeist und voll Respekt vor hoher Qualität. Das war sicher mit ein Grund, warum ich mich für die Firma Gössl entschieden habe. Die Beschaffenheit der Ware spricht für sich.

Der Tag ist noch so jung und unbeschrieben, und der erste Kunde betritt bereits das Geschäftslokal.
„Einen schönen guten Morgen!"
„Ich suche für einen großen Empfang einen Steireranzug. Leider habe ich noch nie Tracht getragen, daher bin ich mir nicht sicher, ob ich mich in dieser Art Anzug wohl fühle. Ich finde, dass ich nicht der klassische Träger von Loden und dergleichen bin."
Insgeheim freue ich mich auf dieses Verkaufsgespräch und die Möglichkeit, zu beweisen, dass Tracht jeden Typ kleidet. Ich habe, weiß Gott wie oft, solche Selbsteinschätzungen von meinen Kunden gehört. Warum nur diese Scheu vor Beständigkeit und Tradition? Wie selten hört man

Bild links: Junge Leut' im Steirerg'wand

Das Geschäftslokal in der Landhausgasse in Graz

Jede Menge Auswahl an echt steirischer Trachtenmode

Kritik oder Zweifel an kurzlebigen Modetrends, die im Grunde keine Individualität zulassen. „Darf ich Ihnen zum Kennenlernen vorerst ein klassisches Mautner Authentics Sakko zum Probieren geben?“

Mein Kunde macht zögerliche Schritte vor dem Spiegel. Er geht ein paar Schritte vorwärts, dann wieder zurück und begutachtet sich äußerst kritisch. In dieser Phase des Sichnäherkommens lasse ich meinen Kunden sehr bewusst viel Zeit. „Zum Zammg'wöhnen“ mit der noch ungewohnten Kleidung.

„Irgendwie komme ich mir schon recht fremd vor. Was muss man denn für ein Hemd dazu tragen?“

„Da gibt es keine strengen Regeln. Weiß, hellblau, hellgrau. Kariert oder uni. Völlig zwanglos, es soll ja nicht wie bei einer Uniform sein. Es gibt kein Muss. Das Sakko harmoniert übrigens auch sehr gut mit Jeans. Tracht verkörpert eine Lebenseinstellung. Für mich stellt sie die Verbindung zwischen Vergangenem, Gegenwärtigem und Zukünftigem dar.“

Mir wird bei diesem Gespräch wieder einmal bewusst, welchen Stellenwert Tradition für mich persönlich hat. Darauf kann ich bauen, daran kann ich festhalten. Es verbraucht sich nicht. Es kommt nicht aus der Mode. Es beruhigt. Das ist bestimmt der tatsächliche Grund, warum ich Tracht verkaufe und selbst gern trage.

Ich bin noch nicht draufgekommen, warum die Mär kursiert, dass man, um Tracht tragen zu können, Jäger oder Fischer sein muss. Meine Kunden sind Menschen aus allen Schichten und Berufsständen. Auffallend ist ihr großes Bewusstsein für Beständigkeit und Werte. Es sind keine lauten Menschen, sondern jene, die mit sich und ihrer Umwelt im Gleichklang leben. Und gerade dieser Umstand macht sie für mich zu etwas Besonderem.

Während mich die Gedanken fortziehen, steht mein Kunde vor dem Spiegel und sucht sich selbst darin. Er fühlt sich wohl, aber ein Quäntchen Unschlüssigkeit bleibt.
„Würden Sie mir bitte dieses Sakko bis Mittwoch reservieren, ich glaube, ich brauche meine Frau, um einen Entschluss fassen zu können."
„Das ist überhaupt kein Problem, solche Entscheidungen müssen reifen, und mit vertrauter Beratung fällt es natürlich leichter."
Der Herr verlässt mein Geschäft. Mir gefällt sein Wunsch, mit seiner Frau wiederzukommen!
Meine Überzeugung:
Dieser Kunde wird ein „Stadt-Steirer".

Vertrauen, Beständigkeit, Werte ...

Meine Gedanken schweifen einige Jahre zurück. Zurück zu meiner Kindheit, zu meinen Wurzeln. Ich bin in eine typisch steirische Großfamilie in Murau hineingeboren, umsorgt von liebevollen Eltern und herausgefordert von einer ansehnlichen Geschwister- und Freundesschar.

Renate Kraft und ihr Team

Die Grundmauern unserer Erziehung bestanden aus Bescheidenheit, Ehrlichkeit und Beständigkeit. Tugenden, die man in unserer schnelllebigen und konsumorientierten Zeit dringend zum Überleben benötigt, jedoch klug einsetzen muss, um nicht überrollt zu werden.

Meine Eltern bemühten sich stets, bei unserer Erziehung nicht von ihrem Kurs abzuweichen.

Zweifellos kein einfaches Unterfangen. Ihr Bestreben war es, fortwährend dauerhafte Werte zu vermitteln und sie mit uns umzusetzen.

Es wird mir immer wieder klar, welche Bedeutung mein Elternhaus und somit auch meine Wurzeln für mich haben. Wenn ich mich persönlich beschreiben müsste, so fällt mir spontan der Ausdruck „erdverbunden“ ein.
„Erdverbunden“, weil die Natur schon in meiner Kindheit ein ganz wichtiger Teil meines Lebens war. Damals unbewusst und intuitiv, heute bewusst und gesucht. Hier wurden Impulse für das Gefühl Einsamkeit gesetzt. Keineswegs die schmerzliche Einsamkeit, sondern jene, in der man wieder zu sich findet. In dieser Zurückgezogenheit habe ich gelernt, in mir Ruhe und Gelassenheit zu suchen und aufzuspüren.
Es hat auch Lebensabschnitte gegeben, wo ein rauer und unbarmherziger Wind geweht hat, aber durch mein Gottvertrauen wurde ich immer wieder weitergetragen.

Zusammen mit ihrem Sohn Alexander tankt Renate Kraft wieder Energie

Während meine Gedanken wie Wolken hin und her ziehen, entsteht um mich herum rege Betriebsamkeit. Meine Mitarbeiterinnen, mittlerweile auch Vertraute, haben ihre Arbeit begonnen. Es ist ein reines Vergnügen, ihnen bei Kundengesprächen zuzuhören. Man merkt die Liebe und Identifikation mit ihrem Beruf. Ein unermessliches Glück für einen Unternehmer, so loyale Mitarbeiter zu finden.
Mein Leben besteht aus einer Fülle von Geschenken. Das größte war zweifellos die Geburt meines Sohnes Alexander. Die schönste Herausforderung, ein winziges Lebewesen beim Menschwerden unterstützen zu dürfen. Mit all seinen Facetten. Die unterschiedlichsten Phasen seiner Entwicklung

Die Geburtstagsfeier im Landhaushof mit sehr vielen lieben Freunden war ein schönes Fest

mitzuerleben und mitzugestalten. Die Liebe wird von mir zu ihm und von ihm zu mir vorbehaltlos gelebt. Diese Liebe wird nie in Frage gestellt. Hier hat Oberflächlichkeit keinen Platz.

Ich lasse sehr oft mein Leben und meinen Werdegang vor meinem geistigen Auge vorbeiziehen und empfinde dabei tiefe Dankbarkeit. Hineingeboren in eine Welt voll Liebe und Geborgenheit und froh darüber, einiges davon weitergeben zu können.

Viele Gedanken ergeben sich oft aus Gesprächen mit Kunden. Dadurch entdecke ich mich immer wieder selbst. Und deshalb komme ich mir jeden Tag noch ein kleines Stück näher. So freue ich mich jeden Abend beim Zusperren meines Geschäfts schon auf den nächsten Morgen.

Schönen Tag und herzliche Grüße!

Eva-Maria Chibici-Revneanu

Hans Heidenbauer

Steirischer Arbeiterdichter (1902–1970)

Als Hans Heidenbauer im Jahr 1902 in Langenwang geboren wurde, wartete keine unbeschwerte Kindheit und Jugend auf ihn: Mit 13 ½ Jahren musste er bereits kriegsbedingt die Schule verlassen und begann seine Tätigkeit als Taglöhner im Stahlwerk Schoeller-Bleckmann in Hönigsberg. Seinen ersten Arbeitstag schilderte er später in *„Als Bub in Arbeit“:*

„Die Augen auf das Werk gerichtet, weiche ich den Blicken der dort und da sich von den Häusern lösenden Gestalten aus, um dann heimlich hinzuschleichen und zu schielen, ob es denn nicht auffalle, dass auch ich nun arbeiten gehe. Das schmächtige Bürschchen fällt nicht auf ... Immer mehr Arbeiter kommen von allen Seiten und bald ist es ein dichter Strom, der durch das Werkstor wallt. Und eines der vielen Tröpfchen bin nun ich ... und es wird mir ganz und gar nicht bewusst, dass dieses Tröpfchensein im Strom mein Schicksal sein werde.“

(Hans Heidenbauer, Im Schatten der Schlote, Graz 1947, S. 6)

Die folgenden 18 Jahre arbeitete Heidenbauer unter schweren und körperlich anstrengenden Bedingungen als Schleifer, Meißler, Eisenträger, Kesselheizer, Kohlenschipper, Generatorenvormann, Stahlvisitierer, Abschlager, Binder und Stempler im Werk. Sein Verhältnis zur Arbeit ist ambivalent; so schreibt er in *„Ein Arbeitstag 1932“:*

„Den Rhythmus bestimmt die Maschine. Sie zerstampft gleichmäßig surrend mit wuchtigem Fuß hochfliegende Sehnsuchtsträume!“, um gleich darauf fortzufahren: *„... dies liegt oft nur an der äußeren Form der Arbeit, ihrer Entseelung. Trotz zeitweisem Hass gegen sie spürt man doch auch manchmal blitzartig die innere Verbundenheit mit ihr.“* (H. H., Im Schatten der Schlote, S. 29)

Sein Empfinden und Erleben im Werk brachte er meist in Gedichtform zu Papier. Er empfand seine Dichtung als Ventil, aber auch als eine Möglichkeit, als „Stimme des Proletariats“ das oft bedrückende Arbeiterleben miterleben zu lassen. Die strenge Form der Lyrik konnte seiner Meinung nach seine Empfindungen am besten wiedergeben. Hans Heidenbauer schilderte sein Motiv zum Schreiben:

„Viel tausend Stimmen schrein um mich –
vielleicht sind's Millionen.
Wenn niemand dieses Schrein als ich
Vernimmt, so drängt es mich
Mit Allgewalt,
was lallt und hallt
in Melodie zu bringen
und laut davon zu singen.“

(H. H., „Mich reizt nicht Ruhm“, Gedicht, 1932)

Bild links: Porträt Hans Heidenbauer

Seine Arbeit als Eisenträger war schwer und eintönig: Auf der rechten Schulter wurde ein Tragpolster befestigt, ein „Bund" – das waren zusammengebündelte Walzstäbe mit 50 bis 60 kg Gewicht – wurde geschultert, in die Verladehalle gebracht und dort in Fächern aufgestellt. In einem Selbstporträt in *„Der Eisenträger"* (H. H., alltag, Wien 1933) schreibt er in den ersten Zeilen:

„Auf der Schulter eine Stange,
trabt er abgestumpft dahin
und bei seinem öden Gange
kommt ihm manches in den Sinn."

Die düsteren Töne überwiegen in den meisten der Gedichte und Erzählungen, die Schilderungen seiner Arbeitswelt zum Thema haben. Seine oft erschütternden Bilder dieser Zeit und Lebenswelt zeigen die Monotonie der Arbeit, die körperliche Anstrengung sowie auch die seelische Belastung durch die Härte der Arbeit.

In memoriam
Die Lichter gellten. Draußen war Nacht
Wir schulterten Stange um Stange.
Wir hatten noch keine Pause gemacht
Und schwiegen beide schon lange.
Du sahst so still und merkwürdig drein,
ich fragte dich, ob dir was fehle;
aus leiser Antwort hörte ich laut
die jammergepeinigte Seele.

Drei Tage später warst du nicht mehr ...
Ich schulterte mürrisch-verdrossen
Die Stangen – und trottete hin und her
Mit einem neuen Genossen.

(H. H., Werk und Welt, S. 34)

Symphonie der Arbeit

Wo Kräne surren, Hämmer klingen,
wo heiß und hell die Flamme loht,
wo Männer himmelwärts sich schwingen,
umlauert von Gefahr und Not,
wo Elemente sie bezwingen,
ihr Leben wagen für das Brot,

wo Stahlgerüste sich zum Himmel recken,
Konverter Stank und Flammen speiend brüllen,
wo Dampfventile, Preßluftmeißel schrillen
und glatte Walzen Stahlplatinen strecken,

wo Kolben stampfen, Steine stöhnen,
in rasch beschwingter Melodie,
wo tonnenschwere Hämmer dröhnen,
dort in dem Reich der Industrie
formt sich aus vielen tausend Tönen
der Arbeit wuchtige Symphonie.

Hans Heidenbauer

Aus: „Solidarität", Herausgeber: Österr. Gewerkschaftsbund, 1956

Auch soziale Nöte werden häufig thematisiert: Das „Gespenst der Arbeitslosigkeit", aber auch Auswirkungen der Arbeitswelt auf die Familie. Doch auch der „Schönheit der Maschine" widmete Heidenbauer zahlreiche Gedichte.

Erste Gedichte Hans Heidenbauers wurden in verschiedenen Zeitungen, Zeitschriften und Kalendern veröffentlicht, u. a. in der „Arbeiter-Zeitung", im „Naturfreund" und in der „Unzufriedenen", der sozialdemokratischen Frauenzeitschrift. Ab 1931 las Heidenbauer Gedichte und Novellen im Grazer und Wiener Rundfunk und hielt als „unbekannter Arbeiter und Bürger Österreichs" am 12. November, dem Geburtstag der Ersten Republik, im Rundfunk die „Rede zum Staatsfeiertag" unter dem Titel *„Ein Arbeiter spricht"*:

„... Und wenn meine Brüder und ich heute im blauen Kittel freudig den Geburtstag dieses Staates feiern, ... weil wir hoffen, dass es der Kraft der schaffenden Stände vereint mit den Kräften der Zeit schließlich doch gelingen wird, den heute noch steinigen und dornigen Boden in fruchtbares Ackerland umzugestalten."

(H. H., Leben und Werk, S. 8)

1932 wurde ihm als erstem manuellen Arbeiter für seine „Aufsehen erregende Lyrik" der „Julius-Reich-Dichterpreis" in Wien zuerkannt. Im Jahr darauf erschien Heidenbauers erster Gedichtband *„alltag"* (Krystallverlag), gewidmet all

Der Hammer

Hammer fliege, Hammer töne!
Thor, der Gott, und Königssöhne
haben schon in alten Tagen
kräftig mit Dir zugeschlagen!
Und Du wurdest vor dem Schwert
in der Vorzeit hoch geehrt.

Götter gaben Dich als Spende
in der Menschen willige Hände,
eine Welt hast Du entriegelt,
wichtig Ding und Tun besiegelt.
Und noch heut ist jeder Schlag
heilig wie am ersten Tag!

Hammer töne, Hammer klinge!
Denn ich spür, wenn ich Dich schwinge,
wenn die Schläge niederfallen,
mächtiger Götter Wohlgefallen.
Hammer, Du, in meiner Hand:
bist des Glückes Unterpfand!

Hans Heidenbauer

Aus: „Österreichischer Bergmannskalender", 1956

„... denen,
die durch den grauen Alltag gehen
und sich nach Licht und Freude sehnen
und nach tief menschlichem Verstehn."

Der unveröffentlichte Gedichtband *„Werk, Welt, Wirrnis"* gibt Einblicke in das Fabriksleben, doch auch die Schönheit der obersteirischen Industrielandschaft ist ein Thema, dessen sich Heidenbauer in einer Vielzahl von Gedichten annimmt. 1934 bringt der Grazer Sender das Hörspiel *„Das Wunder"*, in dem ein Arbeitsloser, der Verzweiflung nahe, wieder Arbeit findet.

In dieser Zeit veränderte sich auch Heidenbauers persönliche Situation entscheidend: Die körperlich schwere Arbeit hatte seine Gesundheit angegriffen, und so wurde er von 1934 bis 1938 Bildungsreferent der Arbeiterschaft in der Kammer für Arbeiter und Angestellte. Dies hatte große Auswirkungen auf sein dichterisches Schaffen:

„Seitdem ich nicht mehr manuell arbeite, verlor ich sicherlich an Dynamik, der Motor, der mich rastlos vorwärts trieb, stockt zeitweise und ist nicht mehr so kräftig." (H. H., Werk und Welt, Graz 1955)

1937 wurde die mittlerweile eingestürzte alte Wiener Reichsbrücke feierlich eröffnet. Ein Gedicht Heidenbauers, das *„Lied der Donawitzer Hüttenarbeiter"*, erschien im Festalmanach und wurde als Einblattdruck in den Grundstein der Brücke eingemauert (Werk und Welt, S. 44).

Das Dritte Reich konfrontierte Heidenbauer mit Arbeitslosigkeit. Um „weiteren Schikanen aus dem Wege zu gehen" (Amt d. Stmk. Landesreg., LAD Reg Ein 5 H 53/1-1948), bewarb er sich um Aufnahme in die NSDAP, es konnte aber nicht geklärt werden, ob er Parteimitglied war oder nicht. Er arbeitete dann in der Betriebskrankenkasse des Reichs (BKR), bis er 1942 einrücken musste.

Aus dem Briefverkehr mit seinem Sohn Albert, in Italien als Soldat eingesetzt und ebenfalls literarisch begabt, gehen Diskussionen über Rilke, die Gesetze der Dichtkunst und über Sprache an sich hervor, die breiten Raum einnahmen. Heidenbauers Aufsatz *„Der Blindgänger"* schildert seinen Widerwillen gegenüber Uniform und Waffen, der durch den Tod seines älteren Sohnes Othmar an der Eismeerfront 1941 massiv verstärkt wurde.

Sein literarisches Schaffen während der NS-Zeit ist gering: Im Zuge der Propaganda erhielt er den Auftrag, eine Musterrede für Arbeiter und Artikel über „Das deutsche Paradies der Arbeit" zu verfassen. Seine Hörfolge *„Steirisches Eisen, Steirischer Stahl"* (mit dem Untertitel: Hans Heidenbauer, ein österreichischer [!] Industriearbeiter, gibt ein dichterisches Lebensbild seiner Arbeit) wurde 1938 im Deutschlandsender ausgestrahlt. Die „Kategorisierung" Heidenbauers bedarf, wie auch die anderer Kunstschaffender dieser Zeit, einer neuerlichen historischen Aufarbeitung.

Nach dem Krieg wollte er *„... noch einmal, eh letzte Stunden rinnen, mit Gottvertrauen und mit Fleiß das Leben neu beginnen“* (s. Werk und Welt). 1947 erschien im Querschnittverlag *„Im Schatten der Schlote“*, eine Sammlung von Gedichten und Novellen. Im gleichen Jahr schrieb er den Roman *„Werk und Sturm“*, der unveröffentlicht blieb und in dem er ein Stimmungsbild aus dem Leben der Stahlarbeiter zeichnete. Mit der Zeit wurde aus dem Arbeiterdichter Hans Heidenbauer nun der Zeitkritiker. Seine Gedichte wurden aber weiterhin veröffentlicht und einige auch vertont *(„Schloßberg-Steigerl“)*. 1955 gab Heidenbauer seinen dritten Gedichtband *„Werk und Welt“* (Stiasny Verlag Graz–Wien) heraus, mit einem Vorwort des legendären Chefredakteurs der „Furche“, Dr. Friedrich Funder.

Hans Heidenbauer starb 1970 in Graz.

Lied

der Donawitzer Arbeiter zur Eröffnung der Wiener Reichsbrücke

(nach einer Melodie des Liedes „Prinz Eugenius, der edle Ritter“)

Von den Hütten, wo die Flammen
schlagen über Stein und Stahl zusammen,
kommen wir und wollen sehn,
ob die Pfeiler, die wir gossen,
ob die Glieder und die Trossen
wohl und gut zusammenstehn.

Seht, die Träger, die wir formten,
mit den Nieten, die wir normten,
in der Brücke nun verschweißt,
die den Abgrund überwindet
und die Ufer fest verbindet
und die Arbeit laut lobpreist!

Tausend Hämmer, Räder, Feilen,
tausend Hände mußten eilen,
daß das große Werk entstand!
Heil der Arbeit, die verbindet,
Kluft und Spaltung überwindet,
Heil dem Werk, Heil unserem Land!

Hans Heidenbauer

Aus: „Die Reichsbrücke“, 1937, Neues Leben

GUTES

Margareta Reichsthaler

Gutes vom Bauernhof

Die Steiermark, wie sie isst

Essen und Trinken gehören zu einem Land und seinen Menschen als ein Teil der gemeinsamen Kultur. Die Geschmacksbildung, die regionale Identität, der Charakter eines Landes sind auch mit der Art des Essens verknüpft. Heimatgefühle werden ebenso erfahrbar wie Abneigungen und Vorlieben. Sämtliche Entwicklungen von Küche und Keller zur Verköstigung der Familie lassen sich bis ins 16. Jahrhundert zurückverfolgen, wobei für Österreich anzumerken ist, dass es immer schon eine große Vielfalt in der regionalen Küche gegeben hat. Natürlich lassen sich einstige Speisepläne nicht mehr mit heutigen Geschmacks- und Ernährungskriterien messen, doch es gibt sehr wohl Kulinarisches, das die Zeit überdauert hat. Besonders im ländlichen Raum haben sich Ess- und Trinkgewohnheiten nicht so stark verändert. Hier haben Traditionen überlebt, die mit Bräuchen und Festtagen, mit dem Wechsel der Jahreszeiten, mit Reife und Ernte zusammenhängen, und damit auch spezielle Speisenangebote. Viele bäuerliche Produktions- und Verarbeitungsweisen haben auch heute noch ihre Gültigkeit und kommen zum Teil den neuesten Erkenntnissen von einem naturgerechten Lebensstil und einer gesunden Ernährungsweise verblüffend nahe.

Eine kulinarische Entdeckungsreise

Wer das Typische einer Region sucht, wird in der Steiermark fündig. Bäuerliche Spezialitäten erfreuen sich steigender Beliebtheit und lassen das Genießerherz höher schlagen. Frisches von Feld und Garten, Süßes und Vitaminreiches vom Strauch und Baum, Energiespender aus Stall und Weide – all das ist ein „kostbarer Schatz“ – und es sind die Zutaten für die original steirische Küche.
Was ist es aber nun, das ein Produkt zu etwas Besonderem, zu einer regionalen Spezialität macht? Die Frische, die geschmackliche Ausgewogenheit, die wertvollen Inhaltsstoffe, der optische Eindruck? Natürlich müssen alle diese Faktoren stimmen, doch gilt es noch einen weiteren Aspekt zu berücksichtigen: die Menschen, die hinter diesen Produkten stehen. Sie übernehmen die Verantwortung, durch ihr Wissen und ihre Zuverlässigkeit wertvolle Lebensmittel herzustellen. Auf Bauernmärkten, direkt ab Hof, in Bauernläden, in Buschenschenken, bei bestimmten Nahversorgern, aber auch in ausgewählten Gastronomiebetrieben kann man sich von der echten „steirischen“ Qualität überzeugen.

Bild links: Marktstandl am Kaiser-Josef-Platz vor der Oper in Graz

Eine gute „Brettljause“

Gutes vom Bauernhof – so schmeckt die Steiermark

Die Qualität bäuerlicher Produkte ist das Ergebnis besonnener und naturverbundener Arbeit. Die Bewirtschaftung der Felder, die Aufzucht der Nutztiere, die Verarbeitung der Rohstoffe, das alles bedeutet einen sorgsamen Umgang mit den natürlichen Ressourcen. Nur wer auf Nachhaltigkeit setzt, wird eine Zukunft haben. Das Umdenken muss beim Bauern beginnen und auf den Konsumenten übergreifen. Gerade in einer Zeit des eklatanten Vertrauensmangels hinsichtlich Sicherheit, Herkunft und Qualität beim Konsumenten muss es wieder gelingen, den Menschen Alternativen für ihren Speiseplan anzubieten. Die Anonymität der Produkte, die uneingeschränkte Verfügbarkeit zumindest in den westlichen Industrieländern haben den Stellenwert von Lebensmitteln darauf reduziert, ein billiger, austauschbarer Verpackungsinhalt zu sein. Doch eine Umkehr im Denken macht sich bemerkbar. Gerade durch innovative und aufgeschlossene Bauern, die mit ausgezeichneten Produkten und Ideen auf den Markt kommen und meist über die Direktvermarktung dem Konsumenten wahre regionale Köstlichkeiten liefern. Man kann von einer neuen Kultur des Genießens sprechen. Einfachheit, Unverfälschtheit und die

Der steirische Kürbis in natura und als Genussmittel

gesicherte Herkunft sind wieder gefragt, auch der persönliche Kontakt zu den Menschen, die „Hausgemachtes“ anbieten, wird immer mehr gesucht, Bauernhöfe öffnen ihre Türen, um dem Konsumenten Einblick zu geben in das Leben und Arbeiten am Hof: 850 Bauernhöfe in der Steiermark liefern gütesiegel-kontrollierte Qualität, die dem Konsumenten unter der Marke „Gutes vom Bauernhof“ angeboten wird.

Steirisch, außergewöhnlich, köstlich

Manchmal zeigt schon die Sprache die besondere Liebe und Hinwendung. Diese Tatsache kann man auch in der Steiermark beobachten, wo vielleicht manche Ausdrücke den Besuchern aufs Erste etwas sonderbar vorkommen. In einem Land, in dem die Tomate liebevoll „Paradeis“ genannt wird, die grünen Bohnen „Bohnschoten“ oder auch der Knoblauch und Rettich trotz seiner Schärfe auf „Knofi“ und „Radi“ verlieblicht werden, da darf man sich natürlich auch nicht wundern, dass hier der Genuss eines dunkelbraunen, für den fremden Gaumen gewöhnungsbedürftigen Speiseöls zum echten Steierersein gehört. Gemeint ist natürlich das steirische Kürbiskernöl, das auf fast mystische Weise mit dem Land verbunden ist. Über sein nussiges Aroma kommen die Liebhaber ins Schwärmen, manche schmecken sogar die Sonnentage der südlichen Steiermark heraus.

Sollten Sie auf einer Speisekarte „Käferbohnen mit Kürbiskernöl“ lesen, seien Sie unbesorgt und bestellen Sie diese typische steirische Köstlichkeit, die Bohnen sind wirklich rein pflanzlich. Natürlich klingt auch „Verhackert“ (ausgesprochen mit o) nicht gerade sehr feinsinnig, trotzdem ist dieser deftige, würzige Brotaufstrich aus der Steiermark

nicht wegzudenken. Man könnte die Liste jetzt noch endlos fortführen, über die „Steirische Jausn“, Klachlsuppe und das „Steirische Wurzelfleisch“ schwärmen oder über die süßen Strauben und Potizen. Aber besser noch – hingehen, wo es diese regionalen Köstlichkeiten gibt, und selber verkosten.

Genießen wie die Steirer. Wir laden Sie sehr herzlich ein dazu.

Wolff Kieberl

Emanuel Freyberger

Vom Läuterbuben zum Fluglehrer

Hoch oben über Graz kam er auf die Welt. Im Glockenturm auf dem Grazer Schlossberg, wo die größte steirische Glocke, die „Liesl", hängt. Und hier war die Dienstwohnung seines Vaters, der als Feuerwehrmann die Stadt Graz immer im Auge behielt und dafür sorgte, dass sofort Alarm gegeben wurde, wenn im Stadtgebiet ein Brand im Entstehen war. Damals wurde die „Liesl" noch dreimal am Tag von seinem Vater mit der Hand geläutet. Natürlich war der Mani dann immer dabei, half dem Vater und durfte später die große Glocke auch selbst läuten.

Über den Kriegssteig ging es täglich – und das bei jedem Wetter – die 144 Stufen hinunter in die damalige Volksschule in der Kaiserfeldgasse. Unüberhörbar für die Bewohner der Sackstraße war das Klappern der Holzzockeln über die Stiege. Später ging es dann allerdings auf der anderen Seite über die Schlossbergstraße und den Karmeliterplatz in die Bürgerschule in der Elisabethstraße.

Mit 14 Jahren begann Emanuel Freyberger als Lehrling in der Firma Karl Kohlfürst in der Sporgasse 8, wurde zum Einzelhandelskaufmann ausgebildet und blieb dann auch als Angestellter der Firma erhalten. Aber erst als er im Alter von 20 Jahren war, man schrieb bereits das Jahr 1931, zog die Familie von der „Liesl" in die Stadt hinunter. Damals in die „Alte Triesterstraße", die dann später zur „Vinzenz-Muchitsch-Straße" wurde. Drei Jahre später fand die erste „Begegnung" mit der Fliegerei statt, die später zum Beruf wurde und ihn sein ganzes Leben begleiten sollte:

Emanuel „Mani" Freyberger radelte eines Abends im September des Jahres 1934 nach getaner Arbeit vom Geschäft über den Karlauerplatz in Graz nach Hause. Sein Weg führte an einer im ersten Stock gelegenen Malerwerkstätte vorbei, als er dort einen Mann sah, der sich abmühte und mit einer langen Stange versuchte, den ganzen Flügel eines Gleitflugzeuges aus dem Fenster der Werkstätte auf die Straße zu bugsieren. Interessiert blieb Mani stehen, lehnte sein Fahrrad an die Hausmauer und half dem Mann. „Das war das erste Erlebnis mit einem Flugzeug", meinte der heute 91-Jährige lachend.

Dann wurden die Teile des Schulgleiters ESG 29 des „Steirischen Fliegerringes" zur Grazer Herbstmesse gebracht, und er half mit, den Segler für einen Ausstellungsstand zusammenzubauen. Als zweites Flugzeug des Klubs war noch eine „Grunau-Baby I" zu bestaunen. Der „Steirische Fliegerring" nutzte die Möglichkeit, auf der Messe Werbung für den Verein zu machen und so einem

Bild links: Landeanflug im Jahr 1952 auf dem „Schöckel-Airport" auf der noch nicht ganz von Hindernissen befreiten Landepiste

breiten Publikum die Möglichkeit zu geben, sich über das Fliegen zu informieren.

Der „Virus aeronauticus" hatte Emanuel „Mani" Freyberger erfasst, und so war er nach Dienstschluss ein gerne gesehener Gast in der Werkstätte des Vereines am Karlauerplatz und arbeitete mit Werkstättenleiter Möstl an den Flugzeugen, half Brüche und Beschädigungen zu reparieren. Dieser „Arbeitsdienst" in der Werkstätte war dann auch die Voraussetzung für das spätere aktive Fliegen.

Bereits im Spätherbst des Jahres 1934 saß „Mani" Freyberger auf dem Sitz des ESG 29 angeschnallt und versuchte seinen ersten Start. Ein sanfter, nicht allzu steiler Hang in Edling bei Leoben war der erste „Flugplatz". Da es damals für das Segelfliegen noch keine besonderen Vorschriften gab, genügte das Einverständnis des Grundbesitzers, dass geflogen werden durfte. So war dann auch meist im Herbst, nach dem Einbringen der Ernte, die „Flug-Hauptsaison". Gestartet wurde mit dem Gummiseil. Allein dazu wurden acht bis zehn Mann für die Startmannschaft benötigt, zwei Mann Haltemannschaft und ein Startleiter, der meist auch zugleich der Fluglehrer war. Die Verantwortung war groß, und so musste der Fluglehrer je nach Windrichtung die Startmannschaft ausrichten, dem Flugschüler Anweisungen geben und die Startkommandos erteilen. Er stand dabei immer an der linken Fläche.

Sofort waren sie immer von Neugierigen umzingelt, die dem Fliegen interessiert zusahen. Kinder halfen sofort mit, nach geglückter Landung den Segler wieder zurück an den Startplatz zu bringen.

War die Startmannschaft fertig ausgerichtet und alles in Ordnung, kamen die Kommandos des Startleiters: „Haltemannschaft!"

„Fertig!" – die Antwort.

Dann wieder der Startleiter: „Startmannschaft!"

„Fertig!"

Dann das nächste Kommando: „Ausziehen!"

Nun begannen die acht bis zehn Mann der Startmannschaft laut zu zählen.

„Eins, zwei, drei, vier" – dann liefen sie V-förmig auseinander los und das Gummiseil, das mit einem Stahlring an einem Haken des Seglers eingehängt war, begann sich zu spannen. An den Enden des Gummiseiles waren starke Hanfstücke befestigt, die mit Knoten versehen waren, um den Händen der Startmannschaft mehr Halt zu geben.

Das eigentliche Gummiseil bestand aus 600 bis 1000 feinen Gummischnüren, die in einer flexiblen, dehnbaren Leinenhülle steckten.

War das Seil durch das Loslaufen der Startmannschaft entsprechend stark gespannt, rief der Startleiter das Kommando „los", und die zwei Mann der Haltemannschaft, die mit vereinten Kräften am Heck den Segler hielten, ließen auf dieses Kommando hin sofort los. Der Segler setzte sich in Bewegung, rutschte über die Wiese, kam frei und erhob sich in die Luft. Das nun entspannte Seil fiel von selbst aus dem Haken des Segelflugzeuges und sank herab.

Das Flugzeug ist frei und gleitet den Hang hinab. Je nach Gelände waren dabei Gleitflüge von rund 200 Metern mit einer Flugzeit von etwa 30 Sekunden zu erreichen.

Aber bis es so weit war, musste der angehende Pilot an die 10 bis 15 so genannte „Rutscher" machen, um erst einmal das Gefühl für das Geradehalten der Flächen zu bekommen. Die ersten „Sprünge" führten dann in Höhen von zwei bis drei Metern, und die Krönung waren dann die ersten echten „Flüge" von 30 Sekunden Dauer. Dabei mussten die Flügel waagrecht sein, mit dem Seitenruder wurde die Richtung gehalten. Auch die nun folgende Landung mit dem Aufsetzen musste geübt werden.

Die A-Prüfung, die Emanuel Freyberger im Frühjahr des Jahres 1935 ablegte, fand auf einem Übungshang in Rein bei Gratwein statt. Sie beinhaltete einen Geradeausflug von mindestens 30 Sekunden Dauer, und die Landung musste in einer „Landegasse" von 20 Metern Breite erfolgen.

Die Flüge konnten schon auch das eine oder andere Mal in eine Höhe von 30 Metern führen.

Die theoretische Ausbildung umfasste in erster Linie Flugzeugkunde und war kombiniert mit dem Werkstättendienst. Denn oft genug gab es kleinere oder größere Beschädigungen am Fluggerät, die dann in der eigenen Werkstätte wieder repariert wurden.

Nach der bestandenen „A-Prüfung" im Jahr 1935 stand im März desselben Jahres ein Fliegerlager in

Emanuel Freyberger auf einem Schulgleiter SG 38 im Jahr 1940

Rein bei Graz auf dem Programm. Mani bereitete sich auf die „B-Prüfung" vor. Für diese Prüfung waren fünf Flüge erforderlich. Nach dem Gummiseilstart eine 90-Grad-Kurve quer zum Hang bis zu einer Wendemarke, eine 180-Grad-Drehung zurück und zum nächsten Wendepunkt, der wiederum eine 180-Grad-Wende folgte. Entsprechend der Flughöhe waren diese Wendepunkte vom Piloten selbst zu bestimmen. Den Abschluss bildeten eine letzte 90-Grad-Kurve in Landerichtung und ein Aufsetzen des Segelflugzeuges in einem Zielfeld von 50 x 250 Metern.

Die Wendemarken waren markante Geländepunkte wie etwa hohe Bäume oder Felsen. Ein B-Flug musste mindestens 60 Sekunden dauern.

Mani hatte bereits einige B-Flüge erfolgreich absolviert, als er sich am 13. März 1935 mit dem ESG-29 (die Abkürzung für Eschner, Schneider und Grunau als Konstrukteure und Erbauer) zu einem neuerlichen Start fertig machte. Die Start- und Haltemannschaft war „ready", als ein Kamerad den Stahlring des Gummiseils am ESG-29 falsch einhängte. Und so nahm das Unglück seinen Lauf. Mani schleppte das Gummiseil nach dem Start mit, weil es nicht wie sonst von selbst aus der Halterung am Flugzeug abfiel.

Er kurvte weg, und das Gummiseil mit den verlängerten Hanfteilen und den Knoten für die Hände der Startmannschaft verhängte sich im Geäst eines großen Baumes. Zum großen Unglück spannte sich nun auch das Gummiseil wieder und zog den ESG-29 mit Mani am Steuer kopfüber nach unten, und der Segler zerschellte am Fuß des Baumes.

Die entsetzten Kameraden fanden einen schwer verletzten Mani in den Trümmern liegend vor und holten eiligst aus dem nahen Gratkorn einen Arzt. Der verfügte eine sofortige Einlieferung in das Unfallkrankenhaus nach Graz, nachdem er die ernüchternde Diagnose gestellt hatte: Schädelbasisbruch, Nasenbein gebrochen, Zertrümmerung des linken Sprunggelenkes, Schien- und Wadenbein gebrochen, Knöchel lädiert, rechte Handwurzel und Unterarm gebrochen.

Der Schulgleiter ESG-29 war seinem Beinamen „Schädelspalter" wieder einmal vollkommen gerecht geworden. Das Wrack, die größten Teile waren so an die zwei Meter lang, wurde direkt am Unfallort verbrannt.

Der Kunst der Ärzte im Unfallkrankenhaus in der Körösistraße war es zu verdanken, dass Mani nach zwei Monaten Aufenthalt gesund entlassen werden konnte.

Aber der Crash tat seinem Bestreben, segelfliegen zu können, keinen Abbruch. Keine Sekunde zögerte er, wieder fliegen zu wollen. „Es war ja nicht meine Schuld, und ich sah überhaupt keinen Grund, deshalb aufzuhören", meinte er rückblickend.

Einer der Ärzte im Spital – selbst Flieger – erlaubte Mani, an einem Sonntag das Spital für einen Tag zu verlassen, um seinen Kameraden beim Fliegen wieder zusehen zu können. In der Zwischenzeit baute der Verein einen neuen ESG-29, allerdings mit einem Boot, das heißt, der Pilot saß in einem kleinen Rumpf. Und wieder überfiel der „Virus aeronauticus" Mani allein schon beim Zusehen, und so hoben ihn die Kameraden mit seinem Gipsbein in den Segler. Ein 20-Sekunden-Flug war die Belohnung. Im Sommer des gleichen Jahres legte er dann schon auf dem Thalerhof die „B-Prüfung" ab.

Aber der „Steirische Fliegerring“ war innovativ und wollte höher hinaus. Mit einer selbst gebauten Schleppwinde, einer Eigenkonstruktion von Ingenieur Sepp Mosel, ging es dann schon in luftigere Höhen. 1936 wurde ein alter Steyr-24-Lkw so adaptiert, dass man anstatt des rechten Hinterrades eine Seiltrommel befestigte und vorne eine selbst konstruierte Spulvorrichtung mit einem Kreuzgelenk befestigte. Ein 4-Millimeter-Drahtseil in einer Länge von 1200 Metern wurde von der Firma Pengg gekauft. Geschleppt wurde dann im zweiten Gang, und mit den Flugzeugen Grunau-Baby I und II wurden Ausklinkhöhen von mindestens 300 Metern erreicht. Bei günstigen Gegenwinden waren sogar Höhen bis zu 500 Metern möglich. Geflogen wurde, wie auch heute noch, im Westteil des Flughafens Graz. Nach dem Ausklinken gab es über den heute nicht mehr existierenden Hallen im Süden des Platzes meist Aufwind, und Flüge von fünf Minuten Dauer waren keine Seltenheit.

Eine völlig neue Dimension bekam der Segelflug allerdings, als man begann, mit einem Motorflugzeug die Segler in die Luft zu bringen. Ungeahnte Möglichkeiten ergaben sich dabei, denn erstmals konnte in Höhen geschleppt werden, die mit der Seilwinde nie erreicht werden konnten. Mit einer „Tiger Moth“ ließ sich Emanuel Freyberger nach intensiver theoretischer Schulung von seinem Lehrer Ingenieur Bruno Gumpert hochschleppen. Aber hin und wieder schleppte der „Brandenburger“ der Polizeistaffel die Segler des Thalerhofes in luftige Höhen.

Noch im Jahr 1937 erflog Freyberger auf dem Spitzerberg die lang ersehnte „C“. Gestartet wurde mit dem Gummiseil, und ein anschließender Fünfminutenflug am Hang des Spitzerberges war erforderlich. Die nachfolgende Ziellandung war dann allerdings schon gewohnte Routine. Eine anschließende mündliche Prüfung über Aerodynamik, Fluglehre und Wetterkunde brachte endlich den begehrten Segelfliegerschein Nr. 282. Zurück auf dem Grazer Thalerhof erfolgte noch die Flugzeugschleppgenehmigung, und das darauf folgende Jahr diente der fliegerischen Fort- und Weiterbildung mit Winden- und Flugzeugschleppstarts.

Zur Luftwaffe wurde Emanuel Freyberger im Jahr 1939 eingezogen und sofort in drei Lehrgängen zum Segelfluglehrer ausgebildet. Erstmals wurde auf einem zweisitzigen Segelflugzeug, einem „Kranich“, geschult. Mit der Doppelsteuerung hatte der Lehrer erstmals die Möglichkeit, wenn der Schüler einen Fehler machte, einzugreifen. Im dritten Lehrgang wird auch der Motorschlepp geprobt. Als Motorflugzeuge dienten damals die „Bücker“ und der „Kadett“. Nach den bestandenen Prüfungen wurde Freyberger als Segelfluglehrer ausgemustert, und seine erste Dienststelle ist das NS-Fliegerkorps in Rattenberg bei Fohnsdorf. Dort richtete er sein erstes Fliegerlager ein, das der Nachwuchsschulung dienen sollte. Buben ab einem Alter von 14 Jahren konnten sich zur

Launsdorf bei Hochosterwitz: Die Startmannschaft bringt den SG 38 im Jahr 1940 mit dem Gummiseil in die Luft

Flieger-HJ melden. Viele Werkstattstunden waren die Voraussetzung für eine Einberufung in ein solches Fliegerlager, das Emanuel Freyberger leitete. Weitere Lager baute er noch in Hart bei Wildon, Marburg an der Thesen und in Launsdorf unweit der Burg Hochosterwitz. Trotzdem bildete er sich

Segelfliegen anno 1950: Das „Grunau-Baby" mit dem Kennzeichen OE-0041 wird am 5. November zur Startstelle gezogen. Dutzende Neugierige halfen dabei mit und legten selbst Hand an

ständig weiter und erhielt 1940 die Lehrberechtigung für den Windenschlepp.

Einen persönlichen Rekordflug absolvierte er noch im selben Jahr am 28. November an der damaligen Reichssegelflugschule Spitzerberg. Sechs Stunden und fünf Minuten dauerte sein Rekordsegelflug auf einer „Minimoa" – einem Hochleistungssegelflugzeug der damaligen Zeit.

Nicht nur der Segelflug, auch der Motorflug wurde für ihn eine weitere fliegerische Herausforderung. Auf einer Heinkel He 72 begann die Ausbildung zum Motorflugzeugführer. Bereits nach elf Starts absolvierte er seinen ersten Alleinflug.

„Was soll ich dir noch lernen ...?" meinte resignierend sein damaliger Motorfluglehrer und schickte ihn allein los. Verbands- und Tiefflug wurden geschult und eine Kunstflugausbildung durchlaufen. Parallel dazu wird die Berechtigung zum Schleppen von Segelflugzeugen erworben, und als Nächstes wird er amtlicher Sachverständiger für die Abnahme von Segelflugzeugführerprüfungen.

Nach dem Ende des Krieges wanderte Emanuel Freyberger für fast eineinhalb Jahre – in der Zeit von Juli 1945 bis September 1946 – in Kärnten in englische Gefangenschaft. In seiner aktiven Zeit als Segelfluglehrer im Deutschen Reich während der Kriegszeit leitete Freyberger an 739 Schulungstagen über 26.000 Starts. 7338 davon wurden mit dem Gummiseil ausgeführt, 14.843-mal ging es mit der Seilwinde nach oben, und 3934 Flüge wurden mittels Motorschlepp geflogen. Bei

2252 Starts war er selbst 200 Stunden in der Luft. Als dann nach dem Krieg endlich von den Besatzungsmächten zuerst das Modellfliegen (!) und im Jahr 1950 das Segelfliegen freigegeben wurde, waren der Grazer Segelflugverein (GSV) und Emanuel Freyberger mit einem Schulgleiter SG 38 und dem Kennzeichen OE-0040 von der ersten Stunde an mit dabei. Der 24. September 1950 war somit der erste Flugtag der Zweiten Republik. Mit einem Jeep wurde der SG 38 am Dreikreuzberg bei Fürstenfeld hochgeschleppt.

Und diesen ersten Start absolvierte „Mani" Freyberger, um eine Minute und 15 Sekunden später wieder zu landen. Ein kurzer Flug, aber ein Aufbruch in eine neue Ära. Ganze vier Flüge wurden damals an einem Tag gemacht, und die Gesamtflugzeit aller Flüge zusammen erreichte nicht einmal fünf Minuten. Aber man durfte wieder fliegen – und nur das zählte! Am 10. Oktober desselben Jahres wurden am Thalerhof bereits 25 Starts geflogen, und zwölf Tage später erreichte Mani auf einem Grunau-Baby die sagenhafte Flugzeit von zehn Minuten. Kein einziger seiner Flugkameraden schaffte auch nur annähernd eine solche Zeit.

Es galt aber, ein neues lohnendes Ziel zu erreichen: den Grazer Hausberg, den Schöckel, und der sollte für eine ganze Weile Europas höchster Flugplatz werden. Schon am 5. November 1950 war es so weit: „Mani" Freyberger startet mit dem Gummiseil vom Schöckelplateau in Richtung Semriach. Bevor es aber so weit war, floss viel, sehr viel Schweiß. Das Grunau-Baby OE-0041 wurde in mühevoller Arbeit in zerlegtem Zustand auf den Schöckel hinaufgetragen! Einige Wochenenden gingen dafür auf, um Rumpf und Flächen zum Stubenberghaus hinaufzubringen.

Dieser Flug wurde in der Ausgabe des „Steirerblattes" vom 7. November mit einem großen Zweispalter auch entsprechend gewürdigt. 31 Minuten nach dem

Europas höchster „Flugplatz" nimmt Gestalt an: Der neu errichtete „Hangar" auf dem Schöckelplateau

Mit der Materialseilbahn und selbst angefertigten Gehängen wurde das zerlegte „Baby“ auf den Schöckel gebracht

Start landete Emanuel Freyberger auf einer Weide in der Nähe von St. Veit.

Mit viel Idealismus und noch mehr Arbeitseinsatz wurde auf dem Schöckel ein „Flugplatz“ angelegt. Steine mussten weggesprengt werden, und nach nur sieben Wochen Arbeit verfügte man zu guter Letzt über eine 220-Meter-Piste auf dem Schöckelplateau. Eingeweiht wurde Europas höchster Flugplatz natürlich wieder mit Emanuel Freyberger, der vom Thalerhof kommend mit seinem Segelflugzeug, geschleppt von einem jugoslawischen Doppeldecker, an dessen Steuer der Marburger Pilot Kuchelnik saß, zum Grazer Hausberg flog, ausklinkte und die erste Landung auf dem Schöckel vor zahlreichen Ehrengästen und rund 500 begeisterten Zuschauern machte.

Unter diesen zahlreichen Ehrengästen waren der damalige Landeshauptmann Josef Krainer I., Landesrat Horvatek, Ministerialrat Dr. Kolar vom Unterrichtsministerium und Dr. Josef Gaisbacher, der spätere Weltpräsident der FAI (Federation Aeronautique International), der im Namen des Aero-Clubs der Steiermärkischen Landesregierung für die finanzielle Hilfe dankte.

Ein kleiner Holzschuppen wurde als Hangar aufgestellt, um die Flugzeuge vor den Unbilden des Wetters zu schützen. Auch ein Spezialgehänge wurde angefertigt, auf dem mit der in der Zwischenzeit errichteten Materialseilbahn die zerlegten Flugzeuge auf den Berg gebracht werden konnten, wenn es zu einer Außenlandung am Fuß des Schöckels kam.

Gestartet wurde auf dem Schöckel meist mit dem Gummiseil und je nach Wind entweder nach Süden in Richtung Radegund oder nach Norden, auf die Ortschaft Semriach zu. Wenn es die Thermik zuließ, wurde über dem Schöckel an Höhe gewonnen und wieder auf dem kleinen Flugplatz gelandet. Dabei musste aber der erste Anflug stimmen. Tat er das nicht, dann gab es oft „Kleinholz“, und der Flugbetrieb war für diesen Tag gelaufen. Kleine Reparaturen wurden meist an Ort und Stelle gemacht, sodass am darauf folgenden Wochenende der Flugbetrieb wieder aufgenommen werden konnte.

Der Wunsch nach einer Seilwinde auf dem Schöckel wurde immer lauter, denn damit konnte sofort nach

Manis letzter Fluglehrertag am 31. Oktober 1996 mit seiner letzten Flugschülerin

dem Start ein Höhengewinn erreicht werden. Aber zum Unterschied vom Thalerhof, wo eine Seillänge von 1000 Metern zur Verfügung stand, hatte Europas höchster Fluplatz eine Pistenlänge von nur 220 Metern. Um dieses Manko auszugleichen, kam man auf die Idee, am Pistenende mit einer Umlenkrolle zu arbeiten. Die Seilwinde wurde in einer tiefer liegenden Mulde verankert. Da der Windenfahrer aber das startbereite Segelflugzeug nicht sah, wurde seitlich der Umlenkrolle ein „Signalposten" mit einer Flagge postiert, der sowohl das Segelflugzeug als auch den Windenfahrer im Blickfeld hatte.

Nur besonders erfahrene Windenfahrer durften hier agieren. Ein Start lief dann unter einem ganz bestimmten Procedere ab. Hob ein Helfer die Tragfläche des Seglers an, so war dies für den „Zwischenwinker" das Zeichen, dass der Pilot startbereit war. Die Flagge zeigt nach unten, und der Windenfahrer gibt langsam Gas. Der Winker hebt die Flagge an und hält sie waagrecht, bis das Seil spannt. Dann senkt er die rot-weiße Flagge ruckartig nach unten, das Zeichen, Vollgas geben zu können. Ein, zwei Schritte, der Mann an der Fläche lässt los, und der Segler beschleunigt blitzschnell, hebt nach wenigen Metern ab und steigt in den Himmel über dem Schöckel. Ist der Segler über der Umlenkrolle, nimmt der Windenfahrer sofort das Gas zurück, was ein leichtes Aufbäumen des Flugzeuges zur Folge hat und damit das Ausklinkzeichen für den Piloten bedeutet. Das Seil fällt ab, und durch das Gelände bedingt kann hier nicht wie am ebenen Thalerhof in Graz ein Traktor zum neuerlichen Auslegen des Seiles benutzt werden, sondern dies muss von Hand geschehen. Bei Südostwind war der dazugehörende Aufwind fast vorprogrammiert und ermöglichte lange Flüge.

Da die Zeit nicht stehen blieb, wurde in der Folge dann auch auf dem Thalerhof immer mehr mit der Seilwinde gestartet, und langsam begann sich das Hochschleppen mit dem Motorflugzeug immer mehr durchzusetzen. Erste regelmäßige Schleppflüge mit einer Piper J 3 C begannen, und der Schöckelflugplatz geriet immer mehr in Vergessenheit. Aber alles ist vergänglich, und der ehemalige „Hangar" am Schöckel wurde später als Unterstand für das Vieh genutzt.

Ein Streckenflug am Ostermontag des Jahres 1957 brachte aber Emanuel Freyberger für eine Nacht in jugoslawische Gefangenschaft. An diesem Tag startete er einen Streckenflug, der ihn bei Lavamünd auf jugoslawisches Gebiet brachte. Da ein Rückflug in Richtung Karawanken wegen der herrschenden Wetterlage nicht möglich war, wich er in Richtung Südost aus und wollte nach Zagreb. Kurz vor Erreichen dieses Ziels gab es aber keinen Aufwind mehr, und er entschloss sich daher, neben der Betonpiste eines unter ihm liegenden Flugplatzes zu landen. Kaum aufgesetzt, wurde er dabei von zwei jugoslawischen Offizieren aufgefordert, in ein Auto zu steigen. Lange Verhöre waren die Folge, ehe er dann am Abend mit einem Militärfahrzeug nach Zagreb transportiert und dort dem Sicherheitsdienst übergeben wurde. Eine Einmannzelle in einem Gefängnis war das wenig erbauliche Nachtquartier. Auf seine Bitten hin, in Graz Aufenthalt und Landezeit bekanntzugeben, wurde immer beteuert, dies sei geschehen, was aber nicht der Wahrheit entsprach. Am nächsten Tag ging es in aller Früh mit einem Jeep in das Polizeiministerium, wo im Beisein eines Dolmetschers wiederum ein Verhör stattfand. Nach unzähligen Telefonaten und Interventionen des österreichischen und jugoslawischen Aero-Clubs und der Hilfe der Zagreber Fliegerkollegen wurde „Mani" Freyberger zu seinem Segelflugzeug auf dem Flugplatz Cerklje bei Zagreb gebracht, wo eine Tiger-Moth bereitstand und ihn bis zur österreichischern Grenze zurückschleppte. Um 17.55 Uhr klinkte er nahe Mureck aus, überflog die Grenze und landete 20 Minuten später bei Weichselbaum. Dieser Flug brachte ihm das Österreichische Segelflieger-Leistungsabzeichen Nr. 128 in Silber ein. Im selben Jahr erhielt er noch den Privatflugzeugführer Nr. 461, ausgestellt vom Bundesministerium für Verkehrs- und Elektrizitätswirtschaft in Wien.

Am 1. April des Jahres 1958 begann Emanuel Freyberger als Geschäftsführer und Segelfluglehrer an der Segelflugschule des Österreichischen Aero-Club-Landesverbandes Steiermark am Flughafen Graz-Thalerhof. Mit dem Segelfliegerschein 678 wurde ihm die Lehrberechtigung für alle Startarten ausgestellt, dem 1960 auch das Zeugnis als Mitglied für die Prüfungskommission für Zivilfluglehrer von Motorflugzeugpiloten folgte.
Bis zum Jahr 1971 leitete Emanuel „Mani" Freyberger die Segelflugschule, ehe er „offiziell" in den Ruhestand trat.
Aber seinem Wahlspruch folgend: „Fliegen, mein Leben – dir war ich ergeben", leitete er jährlich Segelfliegerlager auf dem obersteirischen Flugplatz Lanzen-Turnau und bildete weiter Flugschüler aus.
Natürlich blieben einem solchen „Urgestein" steirischer Luftfahrtgeschichte Ehrungen und Auszeichnungen nicht „erspart". Der Österreichische Aero-Club verlieh das Goldene Ehrenzeichen, dem später die Silberne Medaille um Verdienste um den Aufbau der österreichischen Sportluftfahrt folgte. Zum 80. Geburtstag folgte die Überreichung einer Erinnerungsmedaille des K. u. K. Österreichischen Aero-Clubs aus dem Juni 1912, und 1991 beschloss die Steiermärkische Landesregierung unter dem Vorsitz von Landeshauptmann Dr. Josef Krainer II., Emanuel Freyberger für besondere Verdienste um das Land Steiermark das Große Ehrenzeichen des Landes zu verleihen.
Die „Pioniernadel des ÖAEC in Gold" folgte 1992 in Anerkennung der besonderen Verdienste um die österreichische Sportluftfahrt. Dem konnte sich auch die Stadt Graz nicht verschließen, und Bürgermeister Alfred Stingl verlieh ihm 1994 das Ehrenzeichen der Stadt Graz für Verdienste um den Sport.
Die vorerst letzte Ehrung erfuhr Emanuel „Mani" Freyberger 1996, als ihm die Ehrenmitgliedschaft des Österreichischen Aero-Club-Landesverbandes Steiermark verliehen wurde.

Seine letzte Schülerin betreute Mani 1996 – nach seinem 85. Geburtstag –, ehe er sich endgültig in den wohlverdienten Ruhestand begab. Hunderte Flugschüler (die genaue Zahl kennt nicht einmal er selbst) lernten bei ihm das Fliegen. Er selbst hat 12.000 Starts mit Segelflugzeugen und über 10.000 mit Motorflugzeugen in seinen Flugbüchern stehen. Für seinen allerletzten Flug auf dem Thalerhof bekam er vom Tower die Genehmigung, mit dem Segelflugzeug einen Kunstflug vorzuführen, der auch filmisch von seinen Fliegerkameraden festgehalten wurde. Es war der 31. Oktober 1996.

PS: Das „Grunau-Baby II" mit dem Kennzeichen OE-0041, das „Mani" Freyberger oft bei seinen Schöckelflügen pilotierte, gibt es heute noch. Es steht im Österreichischen Luftfahrtmuseum auf dem Grazer Thalerhof.

Bernd Holasek

Die Kunst in der Steiermark

Aus dem Land berichtet

Die Steiermark als südliches Bundesland Österreichs mit der Landeshauptstadt Graz war längere Zeit ein Teil von Innerösterreich, und Graz war damals die Residenzstadt. Heute, mehrere 100 Jahre später, ist diese Eigenständigkeit bzw. Sonderstellung dieses Landstrichs noch ein wenig spürbar. Berühmt-berüchtigt wurde einmal von „dem wilden Volk jenseits des Semmerings" gesprochen und ein Volkslied sagt: „Steirerblut ist kein Himbeersaft."

Auf die Kunst übertragen kann man sagen, dass die Eigenständigkeit dieses Landstrichs und damit auch die seiner Künstler ein Attribut ist. Einerseits liegen sie doch ein wenig abseits der europäischen Verkehrswege, andererseits doch noch so zentral, dass sie, wenn sie es wünschen, überall hin konnten bzw. können. Den künstlerischen Dialog pflegten sie nur so weit, wie sie es von sich aus anstrebten oder anstreben. Diese absolute Eigenständigkeit, die so manch ein Künstler auch anderswo für sich in Anspruch nimmt, artet in der Steiermark in einer gewissen beständigen Kontinuität aus, die ihre Vor-, aber auch Nachteile mit sich bringt.

In den 40er und 50er Jahren beispielsweise war die Anbindung an die Kunstströme Italiens recht groß. Der künstlerische Dialog in diese Richtung führte zu einer starken Beeinflussung der abstrahierend arbeitenden Künstler im steirischen Raum. In dem Moment, als die extreme Abstraktion immer mehr Platz in der Kunst einnahm, wurde diese Tendenz von einigen lokalen Künstlern akzeptiert und auch verarbeitet. Speziell Künstler, die mit ihrer Kunst in internationalen Ausstellungen vertreten waren und internationale künstlerische Kontaktpunkte pflegten, nahmen diese Beeinflussungen auf, um in der großen, internationalen Kunstszene mithalten zu können. Im Allgemeinen aber blieben die steirischen Künstler sehr treu einer abstrahierenden Kunstauffassung verhaftet. Unsere Künstler haben weiterhin sehr gegenständlich gearbeitet und ihr künstlerisches Streben unter den hohen Anspruch gestellt, Kunst als Könner zu schaffen. Den ausschließlichen Gedanken, Kunst könne von Konzepten und Ideen leben, hat man bei uns nicht so sehr akzeptiert wie anderswo.

Unser Land, die Steiermark, ist heutzutage mehr denn je geprägt von der Tatsache, dass die Kunst nicht Broterwerb sein kann, sondern nur eine inbrünstige Ausgeburt eines kreativen Geistes. Mir persönlich sind nur temporäre Phasen bekannt, in denen Künstler in der Steiermark ausschließlich

Bild links: Kunst – Modern – Antik bei Bernd Holasek in der Sackstraße in Graz

von ihrer Kunst ihren Lebensunterhalt bestreiten konnten. Ausnahmen bestätigen aber auch hier die Regel.

Für mich persönlich haben diese Künstler der Steiermark eine ganz besondere künstlerische Freiheit erlangt, weil sie einen Beruf haben, der sie unabhängig macht, und weil sie sich frei machen konnten von der Idee, im Kanon nationaler und internationaler Beeinflussungen mithalten zu müssen. Eine Tendenz gibt unserer Kunstszene dabei Recht. Eine neue Gegenständlichkeit drängt vielerorts in Amerika und Europa die totale Abstraktion zurück. Der Mensch und das Objekt sind wieder gefragt und stehen im Mittelpunkt. Der reine Medien- und Konzeptkünstler verliert zunehmend an Einfluss. Das Tafelbild genauso wie die Skulptur in ihrer ursprünglichen Bedeutung sind wieder aktuell und erfreuen sich gerade beim Rezipienten und Käufer einer steigenden Beliebtheit. Möglicherweise liegt es daran, dass solche Objekte nicht nur Einzug in Museen und Ausstellungen finden, sondern auch in den privaten Bereich, in den Wohnraum. Die Zeiten, in denen Kunst für Wissenschaft, Ausstellungen und Museum mit Hilfe von Kunstförderungen oder großen Mäzenen gemacht wurde, scheint vorbei zu sein, weil einfach die Budgets dafür fehlen.

Bernd Holasek

Als typisch für Ausbildung, soziologischen Hintergrund und weitere Umstände möchte ich unseren W. W. Angerer nennen, vulgo Willi Wagner aus Anger. Beruf und sozusagen Broterwerb sieht er in seiner Tätigkeit als kunsterziehender Professor an der HTBLA – Höhere Lehranstalt für Kunst und Design in der Ortweingasse in Graz. Aus Profession und Liebe zur Kunst betreibt er sie ohne Subvention und rein aus der Maxime heraus, Idee und Werk zuzulassen und zu verwirklichen. Seine Verbindung von Konzeptkunst und dennoch gegenständlicher Kunst ist einzigartig. Die Verbindung zwischen traditionellen Materialien und den neu Gefundenen ist erwähnenswert. Für ihn wünsche ich mir, dass die Politik und ihre Verantwortlichen, getrieben von der Gesellschaft, jene infrastrukturellen Maßnahmen schaffen, um solch eine Kunst zu präsentieren, und dass so Verständnis und Selbstverständlichkeit im Rezipienten geweckt

Ini Schnider, Akt, Acryl auf Papier

werden und auch ein marktgerechter Umgang mit Kunst entsteht.

Mit lauten Bravo-Rufen weise ich auf den Jahreswechsel 2003/2004 hin, zu dem wir genau dieses Kunsthaus in Graz haben werden, welches mithalten kann mit den Topten von Europa. Vorerst habe ich das Vertrauen in die Politik und Sponsoren, dass dieser Betrieb so interessant und innovativ sein wird, dass die örtliche, landesweite und internationale Szene Impulse an die Rezipienten weitergeben kann und dass daraus ein neuer Dialog zwischen Künstlern und Rezipienten entsteht, der auch zu dem kommerziellen Erfolg führt, den man früher Mäzenatentum genannt hat. Kommerzieller Erfolg ist selbst für unabhängige Künstler Lob und Anerkennung und Bestätigung und Motivation zum Weitermachen. Und sollte man nicht auch von guter und erfolgreicher Kunst leben können?

Allen, die die steirische Kunstszene nicht so gut kennen, möchte ich sagen, dass es hier Künstler gibt, die aus einer urwüchsigen Kraft eines Landstrichs schöpfen und schaffen, der ein wenig abseits der großen Routen liegt. Sie liegen abseits eines beeinflussenden Kunstaustausches und sind geprägt von Können, Kraft in der Verwirklichung und einer immensen Ideenkraft, die man wohl anderswo Konzeptkunst und Kunstidee nennt.
Für mich persönlich hat die steirische Kunstszene die Phase der totalen Abstraktion ohne Enthusiasmus dafür durchtaucht und kann jetzt von einem hohen Niveau an Können eine neue Gegenständlichkeit im Verband mit Ideenreichtum und Konzeptkunst verwirklichen.
Nicht verheimlichen möchte ich, dass die heimische Szene unglaubliche Erfolge feiert im Verharren beim Prinzip des alten Tafelbildes, aber auch beim Exportieren dieser Idee nach allen Destinationen außerhalb der Steiermark.

Ini Schnider, Akt, Acryl auf Leinwand

Jeni Noltcheva, aus Theaterserie, Öl auf Leinwand

50 Prozent aller Anstrengungen gehen nach Wien, wo letztendlich 75 Prozent der kommerziellen Kräfte Österreichs liegen, aber auch mindestens ebenso viele Rezipienten zu finden sind, die aus einer wohl aufbereiteten infrastrukturellen Situation heraus Kunst verstehen und einzuordnen vermögen. Weitere 50 Prozent der Anstrengungen gehen aber weit über die Bundeshauptstadt Wien hinaus. Gert Maria Hoffmann ist sehr stolz auf seine weltweiten Ausstellungen. Ilse Burkelz scheint mit ihrer kraftvollen, energievollen Mentalität den amerikanischen Markt schier zu erobern.
Exemplarisch für viele andere möchte ich fünf Künstler aus der Steiermark herausgreifen.

Ini Schnider ist eine junge schaffensfreudige Frau, die ihre ganze Freude an der Schaffenskunst in ihre Bilder legt (meist Acryl auf Leinen oder Acryl auf Papier). Sehr oft sind die Reize des weiblichen Körpers im Mittelpunkt ihrer Intention. Ihre Schaffensfreude scheint sich in ihren Bildern widerzuspiegeln.
Jeni Noltcheva ist im neu erschienen Buch über 101 steirische Künstler erwähnt und dennoch

Jeni Noltcheva, aus Theaterserie, Öl auf Leinwand

Symbol für einen fruchtbaren Kulturaustausch mit unseren südosteuropäischen Nachbarn. Sie ist Bulgarin; sie ist sensibel, und trotzdem schafft sie Bildwerke von urwüchsiger Ausstrahlungskraft mit einer stringenten Aussage, die Beiwerk kaum notwendig hat. Nachdem ich Jeni Noltcheva als Künstlerin schon lange beobachte und sie seit drei Jahren in meiner Galerie vertrete, ziehe ich aber auch den Hut des Respekts vor ihrem Ideenreichtum. Ich verweise dabei auf ihre motivische Verarbeitung des Theaterlebens in ihrer Theaterserie, wo das „Pünktchen auf dem i" die von ihr einfachst zusammengesetzten, mit Samt überzogenen Bilderrahmen sind. Mit dieser simplen ergänzenden Idee tritt sie weit über den normalen Schaffensprozess eines Tafelbildes mit Motiv und Stimmung hinaus.

Axel Staudinger ist für mich der wendige Geist wechselnder Gefühlsregungen, die er ad hoc

Axel Staudinger, Bronzeskulptur

motivisch verarbeitet. In frischer Liebe entbrannt zu seiner Judith, entsteht eine Serie aus dem Leben, eine Serie des Lebens als Aktstudie. Kurz bevor er Judith kennen gelernt hat, gab er seinen Motiven kurz, aber heftigen Raum in einer von Sadomaso gefärbten Phase. Persönlich bewundere ich die emotionale Kraft, die er in seine Phasen und Studien zu legen vermag. Seine Leidenschaft entspringt einer so tiefen seelischen Empfindung, dass der Rezipient als Kunstbetrachter Mühe hat, mit in diese Höhen und Tiefen zu schwingen.

Axel Staudinger, Bronzeskulptur

Axel Staudinger, Bronzeskulptur

Erwin Huber ist der Grandseigneur einer arrivierten abstrahierenden Kunst, der sich der Bildhauerei verschrieben hat. Dabei entfaltet er eine abstrahierende Gegenständlichkeit, die dem Rezipienten als verständliche Gegenwartskunst zugänglich ist. Wenn ich ursprünglich die Ehre hatte, mit seinem Einverständnis ein Buch über ihn zu schreiben, so tat ich dies voller Respekt vor seiner Schaffenskraft, basierend auf Könnertum, Liebe zum Werk und zum Rezipienten. Gerade auf dem Gebiet der Bildhauerei konnte er einen weiten Bogen spannen von der rein gegenständlichen Kunst seiner Jugend zu den abstrahierenden Darstellungen seiner Werke späterer Jahre bis hin zu seinen neuesten Schaffenswerken, die seinen ihm eigenen Stil noch distinguierter, verfeinerter, fast als eigene Kulturstufe wiedergeben. Denn viele Künstler sehen in ihm ein Vorbild und nehmen seinen Stil auf.

Zu guter Letzt ist es mir eine ganz besondere Ehre, das künstlerische Schaffen und Schicksal von Gerlinde Gschwendtner exemplarisch darzulegen. Interessant zu sehen ist, wie ihre Liebe zur Heimat und ihr Erfolg im Ausland miteinander kämpfen.

Erwin Huber, Stehender Akt, Bronze

Gerlinde Gschwendtner, „Die Dame", Aquarell

Die Heimat ist ihre Wiege, ihre Ruhe und der Hort ihrer Schaffenskraft. Mein persönlicher Eindruck ist, dass entlegene, den kulturellen Zentren ferne Wohnorte ihren Ehrgeiz und ihre Schaffenskraft beflügelt haben. Sie ist auf dem Boden der modernen Kunst Erzieherin und gleichzeitig Kunstschaffende; eine Künstlerin mit dem volksgewohnten Selbstverständnis, das aus der Bestätigung nach Bestätigung kommt. Sie unterrichtet, sie bildet aus, und große Galerien in Deutschland stellen sie aus. Ihre Buchpublikationen sind wichtige Leitfäden für Lernende und Lehrende.

Die Frage, die sich bei Gerlinde Gschwendtners Werdegang stellt, ist, ob sie ebenso erfolgreich gewesen wäre, wenn sie nur in der Steiermark geblieben wäre und hier geschaffen hätte.

Ein rein persönlicher Beobachtung entspringender Gedanke ist, dass eine Gerlinde Gschwendtner genauso wie ein Peter Minich und ein Robert Stolz in reiferen Jahren, abgeklärt von einem schaffensreichen Leben und vielen Erfolgen, sehr gerne wieder an den Urquell ihrer Kräfte, in die Steiermark, zurückkehren.

Frater Winfried Schwab OSB und
Pater Thomas Stellwag OSB

Stift Admont

Aus dem Leben eines Bücherwurms

Es ist Abend. Am Waldrand steigt langsam der Nebel auf, und schüchtern schaut ein Rehlein zwischen den Bäumen hervor. Das geschäftige Leben im von Bergen umgebenen Markt Admont wird ruhiger, die Sonne versinkt. Im Admonter Bibliothekssaal werden die Schatten immer länger, der Raum beginnt sich im Unendlichen zu verlieren.

Betritt ein Besucher ihn jetzt in aller Stille, kann er vielleicht, wenn er genau hinhört, ein leises Flüstern hören: Bücherwürmer, die sich unterhalten. Über Gott und die Welt – und die Geschichte Admonts. Ein gewisser Stolz ist herauszuhören: Unsere Klosterbibliothek ist die größte der Welt. Sie besitzt wunderschöne Fresken, eine faszinierende bildhauerische Ausstattung und viele, viele, viele Bücher. Mit anderen Worten, sie ist das Paradies eines jeden Bücherwurms. Bücherwürmer gibt es zur Genüge in einer solchen Bibliothek: gelehrte und einfache, alte und junge, erfahrene und Gäste. Hat der Besucher besonderes Glück, so kann er zwei Bücherwürmern lauschen, die gerade von der Geschichte des Prunksaales erzählen: „1776 wurde die berühmte Stiftsbibliothek fertiggestellt. Generationen meiner Vorfahren lebten schon hier. Die Familiengeschichte überliefert, dass einer meiner Urahnen den Abt Matthäus Offner, unter dem die Stiftsbibliothek gebaut wurde, sogar persönlich kannte. Seine Zeit muss eine spannende gewesen sein. Damals, Mitte des 18. Jahrhunderts, lebten an die 30 Mönche in unserem Kloster. Das musst du dir einmal vorstellen: Für diese wenigen wurde eine so große Bibliothek gebaut! Einige Bücherwürmer sagten damals: ‚So viel rausgeworfenes Geld! Dabei können wir weder die Gemälde noch die Skulpturen essen! Alles ist so neumodisch! Scheußlich!' Heute sind alle, Bücherwürmer und Menschen, Abt Matthäus Offner dankbar. Denn er hatte den Mut, das Urteil der Zukunft abzuwarten; heute sind wir stolz, in diesen gewaltigen Räumen wohnen zu dürfen.

Kannst du dir das vorstellen? Der Bücherbestand beträgt heute über 200.000 Exemplare! Davon können noch viele, viele Generationen leben! Übrigens bauen die Mönche schon wieder. Ein Museum. Ob das wohl etwas wird? Aber dann denke ich mir wieder, vielleicht werden meine Nachfahren genauso stolz sein wie ich es jetzt bin, und vielleicht können sie auch einmal zurückschauen und sagen, unser Vorfahre war dabei, als das neue Museum gebaut wurde.

Habe ich dir schon einmal meinen größten Schatz gezeigt? Das alte Tagebuch meines

HURDS
PELAGII
Schriften

Der 1776 vollendete spätbarocke Bibliothekssaal

Hueber aus dem Jahr 1765. Was die beiden alles besprachen, wie oft sie die Pläne verwarfen, unglaublich! Am Ende setzte sich aber der Abt mit einer großartigen Idee durch: Die Bibliothek sollte aus drei Teilen bestehen, 70 Meter lang, 14 Meter breit und über 11 Meter hoch. Das Herzstück ist der Mittelraum, dort finden sich Ausgaben der Heiligen Schrift und der Kirchenväter. Hunderte von Bibeln. In allen Sprachen: Lateinisch, Griechisch, Hebräisch, Deutsch ... Und obwohl es ein katholisches Benediktinerkloster ist, kannst du hier sogar Lutherbibeln finden. Der Mittelbau ist nicht nur das Herz, sondern auch Verbindungsstück zwischen den beiden Seitenflügeln. In dem einen stehen tausende Bücher über die Philosophie und Theologie: Ich will ehrlich sein, die meisten hab' ich noch gar nicht gekostet. Im anderen Seitenflügel ist die weltliche Wissenschaft aufgestellt. Es erstaunt mich noch immer, was alles gesammelt wurde: Bücher aus

Urahnen! Darin sind so viele interessante Dinge aufgezeichnet, die heute längst keiner mehr weiß. Zum Beispiel ein Gespräch zwischen dem Abt Offner und dem Baumeister der Bibliothek Joseph

den Bereichen Medizin, Pharmazie, Mathematik, Physik, Geschichte, Musik und Künste, Recht, und auch Reiseliteratur findet sich in den Bücherregalen. In unserer Bibliothek gibt es sogar

eine mittelalterliche Reisebeschreibung von Marco Polo. Es ist die einzige deutsche Übersetzung auf der ganzen Welt.

Leider verstehe ich selber das Lateinische nicht, aber ich hatte einen Onkel, der dieser Sprache mächtig war. Er übersetzte mir den Ausspruch: ‚Ora et labora et lege', den die Mönche so oft gebrauchen. ‚Bete, arbeite und lies!' Lange dachte ich nach, was damit gemeint sein könnte, dann verstand ich es plötzlich. In Admont wird versucht, Gebet, Arbeit und geistliche Lesung miteinander zu verbinden. Der Mensch soll in Harmonie mit Gott und sich selbst leben. Es geht um das Gleichgewicht von Glaube und Welt. Wie könnte man das schöner darstellen als durch diese Bibliothek, in der schon so viele Generationen von Bücherwürmern leben durften?

Hast du dir eigentlich schon einmal die vielen Kunstwerke in unserer Bibliothek angesehen? Zum Beispiel die Skulpturengruppe ‚Die Vier Letzten Dinge', bestehend aus dem ‚Tod', ‚Jüngstes Gericht', ‚Hölle' und ‚Himmel', die der berühmte Barockbildhauer Josef Stammel geschnitzt hat. Wenn die nicht so dick mit Bronzefarbe überzogen wären, hätte ich das Holz schon längst gekostet. So aber erinnern sie an die Vergänglichkeit von uns allen und an die Zukunft. Schau dir einmal die Figur, die das ‚Jüngste Gericht' darstellt, etwas näher an! Was findest du? Natürlich ein aufgeschlagenes Buch zu Füßen des jungen Mannes, das Buch des Lebens. Schade, dass es aus Holz ist! Ach ja, und einen Verwandten von uns kannst du auch entdecken. Wirf einen Blick auf die Skulptur, die die ‚Hölle' sinnbildhaft darstellt: Stammel schnitzte eine verdammte Seele, die in das Höllenfeuer hinabgezogen wird. Neben den vielen Sünden und Lastern findest du das schlechte Gewissen, dargestellt durch einen Gewissenswurm. Es ist bedauerlich, dass er nicht sprechen kann; sicher hätte er vieles zu erzählen.

Die Admonter Benediktinermönche sahen sich offensichtlich in einer großen Tradition und Verantwortung. Sie verstanden ihr Leben als einen Teil der Geschichte, die auf Gott hin zielgerichtet ist. Ihnen war das Leben in allen Facetten bewusst: Leben und Tod, Himmel und Hölle, Gutes und Böses. Und dann erst die prachtvollen Deckengemälde: In meinem Tagebuch steht geschrieben, dass Abt Matthäus Offner den bereits 82 Jahre alten Maler Bartolomeo Altomonte damit beauftragt hat, die

Fresken zu malen. In nur zwei Sommern hat der betagte Mann die sieben gewaltigen Kuppeln in den leuchtendsten Farben ausgemalt. Kaum vorstellbar, aber sie sind noch nie restauriert worden. Auf den Fresken findest du alle Wissenschaften und Künste, die du dir vorstellen kannst, sinnbildhaft dargestellt. Neben der Philosophie und dem Recht auch die Geschichte und die Medizin, neben der Malerei und der Bildhauerei auch die Architektur und die Astronomie. Ist es nicht interessant, dass die Inhalte der Bücher sowie die Bücher selbst dort oben in den Kuppeln noch einmal künstlerisch dargestellt sind?

Weißt du, die Mönche von damals, die haben nicht eindimensional gedacht, ganz im Gegenteil. Sie hatten einen Sinn für das Schöne, Wahre und Gute. Dafür gaben sie viel Geld aus, ohne dass sie einen materiellen Gewinn davon gehabt hätten. Aber viele Menschen konnten von dieser Arbeit leben.

Obwohl die Bibliothek schon 1776 fertiggestellt war, waren die Regale erst gegen Ende des 19. Jahrhunderts gefüllt. Offensichtlich dachten die Mönche damals nicht nur an sich, sondern auch an kommende Generationen. Diesem Weitblick verdanken wir es, dass wir nicht immer nur alte Bücher essen müssen, sondern dass wir ab und zu auch moderne genießen können.

Schau dir dieses Buch einmal an! Es hat einen schönen Titel: Brehm's Tierleben! Wollen wir darin ein bisschen blättern? Oh, die Kirchenmaus! Kennst du die? Die Kirchenmaus wohnt gar nicht weit von hier, auf der anderen Seite des Hofes in der Stiftskirche. Wenn du aus dem Fenster schaust, kannst du sie sehen. Letzten Sonntag habe ich die Kirchenmaus wieder einmal besucht. Du musst wissen, ich gehe jeden Sonntag in die Kirche, um die Gesangbücher – eine besondere Delikatesse – durchzukosten. Dieses Mal hatte die Maus Zeit für mich, und sie hat mir die ganze Kirche gezeigt. Sie ist genauso lang wie die Bibliothek: 70 Meter. Und 70 Meter sind auch die Türme hoch; das habe ich von einem entfernten Verwandten erfahren, der dort lebt: dem Holzwurm. Mir ist es fast schwindlig geworden in dieser Höhe, und ich war froh, als ich wieder auf dem Boden war. Die Kirchenmaus hat mir ein interessantes Buch gezeigt, es heißt das Fürbittenbuch: Darin kann sich jeder eintragen, und dann wird für ihn und seine Anliegen gebetet. Das ist eine der wichtigsten Aufgaben der Mönche: für andere dazusein und für andere zu beten.

Anschließend sind wir in die so genannte Paramentenkammer gegangen; dort liegen unglaublich viele alte Messgewänder – eines schöner als das andere. Wenn du eine gute Nase hast, kannst du sogar noch den jahrhundertealten Weihrauchduft riechen. Wieder habe ich einen lateinischen Spruch gehört: ‚Ut in omnibus glorificetur Deus' – ‚Damit Gott in allem verherrlicht werde!' Das ist der Grund, so erklärte es mir die Kirchenmaus, dass alles so prächtig gestaltet ist: die Gewänder, die Gottesdienstfeier, die Kirche, die Bibliothek, das ganze Kloster eben.

Herrlicher Blick auf den Ort Admont im obersteirischen Gesäuse

Aber jetzt lass uns weiter in dem Buch lesen. Nein, was du für Fragen stellst! Du weißt also auch nicht, wer der Museumskäfer ist? Auch der ist hier in unserem Kloster zuhause, dort oben im Naturhistorischen Museum. Der Arme, im Moment wird dort alles umgebaut! Nur Staub und Lärm, er überlegt schon, auszuwandern. Aber nächstes Jahr, so habe ich gehört, soll das Museum fertig sein. Dann werden auch für ihn wieder ruhigere Zeiten einkehren. Admont hat schon eine sehr lange Museumstradition. Fast 200 Jahre sind die schönsten Kunstwerke in den Museen zu besichtigen. Es ist faszinierend, was ab 2003 alles zu sehen sein wird. Mittelalterliche Handschriften mit wunderschönen Miniaturmalereien und Messgewänder aus der Kirche; wenn du Glück hast, kannst du den so genannten Weihnachtsornat sehen. Darauf ist, wie sollte es anders sein, ein schönes Buch aufgestickt. In der Schatzkammer – auch eine solche gibt es hier im Kloster – werden Kelche und Monstranzen ausgestellt und natürlich – alte Messbücher. Aber auch

Der erste neugotische Sakralbau Österreichs

auf die heutige Zeit wurde nicht vergessen: Zeitgenössische Kunstwerke haben ihren Weg nach Admont gefunden, vielleicht zeige ich dir nachher im Innenhof ein besonderes Kunstwerk: die Buch-Speicher-Steine vom Künstler Alfred Resch. Diese Skulptur stellt die Entwicklung der Wissensvermittlung vom Buch bis zum Computer dar. Ach ja, und dann – nicht zu vergessen: Die naturkundliche Sammlung beherbergt neben heimischen und exotischen Tieren und Pflanzen eine unglaubliche Insektensammlung mit rund 252.000 Insekten und 50.000 Schmetterlingen in den schillerndsten Farben. Ganz besonders ist auch die einzigartige Wachsäpfelsammlung.
Was, du bist schon müde? Na ja, ich habe dir auch sehr viel erzählt, wir haben aber noch genug Zeit, uns das in aller Ruhe später anzusehen. Aber schau doch noch einmal an die Decke der Bibliothek! Siehst du dort oben das Buch mit den sieben Siegeln? Dieses Buch soll das Geheimnis des Glaubens versinnbildlichen. Der Glaube wird für uns immer ein Geheimnis bleiben, dem wir uns nur annähern können. Und eigentlich ist dieses Buch auch ein schönes Bild für das Kloster Admont. Auch hier gibt es so viel zu entdecken, dass es wohl niemanden gibt, der von sich sagen kann, dass er das Stift Admont wirklich kennt."

Langsam verliert sich das Flüstern der Bücherwürmer, sie ziehen sich zum Schlaf in ihre Bücher zurück. Unser stiller Besucher hat einen ersten Eindruck gewinnen können von den Sehenswürdigkeiten und der Einzigartigkeit Admonts. So wie der junge Bücherwurm noch vieles entdecken wird und damit wohl nie zu Ende kommt, sollte sich auch ein Gast viel Zeit nehmen für weitere Schönheiten.
Der Mond steigt auf, und das scheue Rehlein trinkt am klaren Wasser des Stiftsteiches und denkt sich: „Was macht ein Besucher wohl noch so spät in der Bibliothek?", bevor es sich wieder in die Tiefen des klösterlichen Forstes zurückzieht.

Hermann Härtel

Melodie und Poesie

Von singenden Menschen umgeben

Der erste Schritt in die Gaststube ist getan, und mit einem Blick habe ich die Besetzung erfasst. Damit meine ich die personelle und die musikalische, denn die Sattler Ella ist ein Garant dafür, dass ein Wirtshausbesuch singend verläuft, dass die Gesänge kein Ende nehmen. Und wer lehnt dort an der Wand? Es ist der Fuchs Willi, ein Kenner jener Schlankllieder, die in keinem Liederbuch zu finden sind. Er interpretiert sie mit Bravour und bebender Stimme. Mimik und Gestik machen den schauerlichsten Text anschaulich und glaubhaft. Und gleich an der Theke steht der Schlatzer Rudl, dessen Lieblingslied *„Auf der Hochstetter Ålm waht a hantiger Wind ...“* seine ganze singerische Leidenschaft zum Ausdruck bringt. Seine Wangen verfärben sich rot und seine Augen blitzen – er ist in seinem Element.

Ja, nach einem Leichenschmaus geht es mitunter lustig zu. Dort die Verblichenen und da die Verbliebenen, deren köstliche Unterhaltung nur deshalb zustande kommt, weil sie sich mit Haut und Haar dem Augenblick verschreiben können. *„Übern Laurenziberg ...“* schmettert der Rudl in die Runde, und schon hängt sich die Ella mit ihrer klaren Überstimme dazu. Zu guter Letzt swingt der darauf folgende Jodler regelrecht, steigert sich dann ins Finale, bis der letzte Ton verklungen und die Runde zu den frischen Gläsern greift. Der Peter Hörmann hat inzwischen nachgeschenkt. In seinem Gasthaus am Ortsende von Deutschfeistritz sind die singenden Gäste allemal willkommen, auch wenn sie so wie wir nur kurz – auf dem Weg zum Almkirtag – vorbeischauen ...

„Alles Unsinn“, hat mir ein Freund geraten. Über das Singen sollte man nicht schreiben, sondern es tun. Wie Recht er hat! Wie lehrreich ist es aber auch, das Unaussprechliche auszusprechen. Zu betrachten, was eigentlich besser gefühlt werden soll. Einmal den ganzen Wortschatz auszupacken, der gar nicht ausreicht, um diesen komplizierten Vorgang so einigermaßen zu beschreiben.

Am Anfang war zwar das Wort, aber – so nehme ich an – das war bereits mehr gesungen als gesprochen. Wir selbst neigen ja auch zum Singsang im Gespräch. Wer denkt dabei nicht an irgendeine Nachbarin, die ihr „Mei, heit bist åber wieder amål gånz fesch beinånder ...“ beinahe über eine Oktave aufträgt. Ja, aufträgt! Denn mit der Sprachmelodie kann zumal eine

Bild rechts: Johann Spiegel

süße Üppigkeit verbunden sein, zumindest aber eine Nuance der ganz persönlichen Kennmelodie, einer unverwechselbaren Kennmelodie. Diese Unverwechselbarkeit wäre für mich der eigentliche Grund, die Stimme erklingen zu lassen. So quasi: „Meine ist anders als die andere, und die Deine hab ich schon von weitem erkannt." Eine Lanze für den akustischen Fingerabdruck also! Ist das nicht eine schöne Vorstellung in Zeiten der Cards, die Konten, Garagen und Clubs öffnen?

„Halt an, ich glaub, der Leo ist da drinnen!", schreit der Hubert auf, und schon drücke ich auf die Pedale, um eine Zwischenstation auf dem Weg zur Gleinalm einzulegen. Und Recht hat er: Im Übelbacher Gasthof Großbauer, inmitten einer unterhaltsamen Jägerrunde finden wir den Berger Leo. Schon im Vorhaus war seine Stimme eindeutig aus dem Gelächter herauszuhören. Seinem Gegenüber schmettert er nun die Jodlersilben ins Ohr: *„Hops dul joe ije, hops dul joe i."* Und wie darauf der Leitner Rudl drüberschlägt! Gleich ist die ganze Gaststube erfüllt von der Zweistimmigkeit und vom Lärm der Unterhaltung, die sich natürlich um die Jägerei dreht. Dazwischen zischt es aus der Kaffeemaschine, als ob sie das Jodeln auch einmal probieren müsste ...

Viel mehr noch als dieses Kennzeichen der eigenen Stimme muss uns die musikalische Grundausstattung der Steirerinnen und Steirer beeindrucken. Darauf vergessen wir allzu gerne: Wir sind alle als Sängerinnen und Sänger geboren worden, für das Training sind wir allerdings selbst verantwortlich. Fest steht, dass wir dieses Training zu sehr vernachlässigen, unser Vermögen ruhen lassen, bis es so verkommen ist, dass wir uns selber nicht mehr hören mögen! Resignierend treten wir dann das Singen an die anderen ab, zählen uns zum Heer der Unmusikalischen und lassen andere für uns singen. Als ob das ein Ersatz wäre für die selbsterzeugte Musik, für im Gedächtnis eingelagerte Liedergeschichten.

Singen ist aber nicht nur eine Frage des Trainings der vorhandenen Ausstattung. Singen ist pure Emotion und hat schon auch mit dem Selbstwertgefühl zu tun, mit Courage, mit dem mehr oder weniger ausgeprägten Wunsch, sich mitzuteilen, seine ganz persönlichen Gefühle und Ansichten zu äußern und am Klangspiel teilzuhaben. Und: Singen ist Freiheit. In unseren Liedern erklingen ganz unverblümt Liebe, Sehnsucht, Kritik, Spott und Verehrung. Die

Worte allein würden wir nicht sprechen wollen. Es bleibt der Melodie vorbehalten, Inhalte in Gefühle zu übersetzen, sie für den Augenblick zu verpacken und zu gestalten. Dabei ist der Rückgriff in eine vergangene Welt und Zeit eine durchaus legitime Lust der Volksliedsänger. Die vielen Heimatlieder im Herz-Schmerz-Ton, sie entspringen der puren Freude am Rückholen des Unwiederbringlichen. Wen mag das in einer Zeit verwundern, in der sich die Trends gegenseitig anrempeln?

Ja, Singen aus Lust und Laune, weit weg von höherer Absicht, vom Anspruch, irgendwelche Kriterien zu erfüllen. Es geht darum, mir selbst und meinem Gegenüber zu genügen, Musikalität in Freude und Trauer bei der Hand zu haben. Wer über den musikalischen Gebrauch in der Steiermark Bescheid weiß, ist über den Zustand des Volksliedes und des Singens im Allgemeinen nicht beunruhigt, so vielfältig erklingen die Lieder von der Alm, vom Wildschützen, der Liebe und dem Leben. Es sind nicht immer die zimmerreinen Verse, nicht immer altehrwürdige Volkslieder. Es hat sich auch die Schlagerwelt eingenistet, die Wienerlieder ebenso wie die Szenenlieder aus den beliebten Operetten und die populären Texte des

Austropop. Auswahl, Interpretation und vor allem Anlass sind dem Zufall und den Notwendigkeiten angepasst. Das ist Unterhaltungswert und noch dazu hausgemacht! Wer von Kultur spricht, den muss die besonders lockere Handhabe im Umgang mit Musik beeindrucken, der muss darunter eigentlich hochkarätige Styriartekonzerte und hochkarätige steirische Ansingekunst verstehen.

Das Fahrzeug haben wir unten stehen gelassen und den alten Almweg genommen, der direkt zum Gleinalm-Schutzhaus führt. Der Weg steigt an, sodass unsere Unterhaltung bald verstummt. Es sind wohl immer dieselben Gedanken, die uns bewegen, wenn wir aus den Niederungen aufsteigen und damit auch Ballast ablegen, alles hinter uns lassen. Hier heroben verlassen wir die plangewalzten Wege, die Randstein-eingefasste Ordnung, die zurechtgeschnittene Heckenlandschaft. Ja, unser Auge ist schon an das alles gewöhnt, und doch erscheinen uns nun die Felstrümmer, die dazwischen wuchernden Farne und die umgestürzten Baumriesen nicht als Unordnung, sondern als harmonisches Ganzes. Nun sind wir stehen geblieben, um auf die Nachkommenden zu warten. Ob dieses Bild von harmonischer Unordnung vielleicht auch bei der

Musik eine Rolle spielt? Gerade die Volksmusik weicht ja von musiktheoretischen Vorgaben allzu gerne ab. „Der Mensch" – meint einer unserer Begleiter – „hat fast alles reguliert, da gibt es aber auch eine Sehnsucht nach dem musikalischen Wildbach. Aber wie ist die Wirklichkeit? Der musikalische Versuch ist nichts wert, der Weg zur Musik wird nicht gerade geschätzt ..."

Nun sind es nur noch ein paar Schritte zum Kirtagsgeschehen, denn die letzte Kehre ist erreicht und das laute Tisch-Tosch der Goaßlschnålzer ist schon zu hören. Schnell den Schweiß von der Stirn gewischt, der Hut gelüftet und hinein ins Kirtagsgeschehen, durch die Standln mit Süßigkeiten, indischen Tüchern und Spielzeug. Zuletzt verbleiben wir beim Lebzeltstand und nehmen ein Glaserl Met, den süßen, aber gefährlichen Honigwein. Es ist ein buntes Treiben, Begrüßen, Verabschieden und Gestikulieren, denn viele Almgeher treffen hier die Nachbarn von der anderen Seite, die Almbesitzer die Almhalter, die Jäger die Forstleute und die Familien einander. Der Jakobikirtag ist ihr alljährlicher Treffpunkt, ein Festtag.

Hermann Härtel

Drinnen in der Hütte vernehmen wir Harmonikaklänge, während draußen im Gastgarten schon fest gesungen wird. Das Lied *„Wånn i auf d' Ålma geh, låss i die Sorg' dahoam ...“* erklingt, und viele Besucher des Kirtags stimmen mit ein, denn dieses Lied – eines der schönsten Almlieder – ist allgemein bekannt. Die Lisl Petek hat es angesungen, sie kann mit ihrem Mann, dem Ferdl, alle Strophen singen, denn in ihrem Leben spielten die Lieder stets eine große Rolle.

Drinnen wird jetzt wild getanzt, weil der Hansl eine Polka aus der Harmonie quetscht. Das muss man sich anschauen: Im Vorhaus, gleich neben der Ausschank, wo die Kellnerinnen ihre bis zum Rand gefüllten Serviertassen jonglieren, dort an dieser Engstelle tanzen mehrere Paare auf Teufel komm raus. Der Heinz hatte nicht einmal Zeit, seinen Rucksack beiseite zu legen und hätte damit beinahe die Gläser von der Theke gewischt. Dicht gedrängt umringen wir die Tanzenden, die jetzt zu einem stampfenden Franzee wechseln.
Später finde ich den Spiegel Hansl mit seiner Frau Hilde in der Gaststube wieder, inmitten einer Runde Berggeher, gleich rechts am ersten Tisch. Das Lied vom *„Ålmaspitz“* und vom *„Wildbratschütz“* wird angestimmt und dann *„Von da hohen Ålm auf die Niederålm“*. Das Ehepaar Spiegel aus Übelbach ist ein Garant für das Gelingen solcher Almfeste. Sie kennen wohl hunderte Lieder und Jodler und ebenso viele Tanzmusikstücke. Diese glöckerln ihm so herrlich aus der Harmonika, weil der Hansl sein Leben lang gespielt hat und weiß, worauf es ankommt. Es sind die rassigen Tanzmusiknummern, die flott gespielt die Leute am Tanzboden zum Jauchzen bringen. Immer wieder werden Musik- und Liedwünsche geäußert, denn es gibt eine große Sehnsucht nach den Volksmelodien. Das Ehepaar ist mit seinem Liederschatz aber auch Animator zum Mitsingen. Das mögen die Leute, wenn sie aufgefordert werden, selber zu klingen. Die schönen Almlieder und Jodler gehen den Spiegels nicht aus, sie sind selber Almgeher und mögen die frischen Almböden, den hantigen Wind und die Nähe zum Sternenhimmel, der zu später Stunde himmlische Gefühle zulässt.

Aus ihrem Mund klingen die alten Texte mehr als aktuell, fast als Gegenentwurf zum aufdringlichen Lärm in den Niederungen. Ihre musikalische Welt ist auf Zuneigung zum Nächsten aufgebaut, auf Freude an Poesie und Melodie und auf Respekt vor den klingenden Schätzen, die zum Schönsten gehören, was Menschen jemals hervorgebracht haben. Sie sind ein besonderes Beispiel für die Lebendigkeit steirischer Musiktradition, und sie sind hier stellvertretend für viele beschrieben, die für uns den kleinen Festen den großen Sinn geben.

Bildnachweis

Foto Stefanie: S. 78
Freyberger; Archiv: S. 88, 91, 94, 95, 96, 97
Gutes vom Bauernhof; Archiv: S. 88, 91, 94, 95, 96, 97; www.gutes.at
Härtel, Hermann; Steirisches Volksliedwerk: S. 2, 117, 118, 119, 120, 121; www.steirisches-volksliedwerk.at
Holasek, Bernd; Archiv: S. 105 r., 106; www.kunstmeile.at
Holzer, Kathrin: S. 31, 55, 56 u.; www.hobbygarten.com
Kaunat, Angelo: S. 22 o. r., 25
Kerbler, Stojan: S. 38
Klaczak; New Art Studio: S. 8, 10, 11, 12, 13, 14, 15, 17
Kraft, Renate; Archiv: S. 72, 74, 75, 76, 77, 122; www.trachten.cc
Lackner, Nicolas: S. 24 r.
Landesmuseum Joanneum; Archiv: S. 19, 20, 21, 22 o. l., 22 u., 23, 24 l.; www.museum-joanneum.at
Luttenberger, Walter: S. 60, 61, 63, 64, 65
Morath, Inge: S. 36, 39, 40, 41, 42, 43; www.ingemorath.net
Renner, Margret: S. 52
Russegger, Markus: S. 26, 28, 29, 32, 33, 34 o., 58, 62, 67, 100, 102, 103, 104, 105 l., 107
Schauer, Thomas: S. 86, 87
Schedlbauer, Erich: S. 54, 56 o.
Schloss Gamlitz; Archiv: S. 34 u.; www.melcher.at
Stift Admont; Archiv: S. 109, 110, 111, 112, 114, 115; www.stiftadmont.at
Zenz, Christian, & Thosold, Heike: S. 68, 69, 71

Flughafendirektor
Mag. Gerhard Widmann

Flughafen Graz im Aufwind

Kontinuierlich baut der Flughafen Graz durch neue Flug-Anbindungen seine inzwischen schon grenzüberschreitende Bedeutung aus. Direktor Mag. Gerhard Widmann: „Mehr als 750.000 Passagiere aus dem In- und Ausland heben im wahrsten Sinn des Wortes pro Jahr von Graz ab – und viele davon in die schönste Zeit des Jahres – nämlich in den Urlaub." Außerdem entpuppt sich der Flughafen Graz immer mehr als Knotenpunkt für Wirtschaft und Tourismus.

Der Flughafen Graz befindet sich kontinuierlich im Aufwind. „Mit einem Gesamtpassagieraufkommen von 752.068 Passagieren im Jahr 2001 hat er seine Position als zweitgrößter österreichischer Regionalflughafen – nach Salzburg – auch weiterhin nachhaltig gefestigt", so Widmann. Seine Bedeutung für den steirischen Tourismus wurde durch die tägliche Anbindung nach London/Stansted weiter ausgebaut. Die Steigerung im Linienverkehr 2001 signalisiert die wachsende Bedeutung des Flughafens Graz für den Wirtschaftsstandort Graz und die gesamte Steiermark.

Über 40 Fluggesellschaften fliegen den Flughafen Graz im Linien- bzw. Charterverkehr an und bieten insgesamt sechs nationale und über 60 internationale Destinationen ab Graz.

Mit einem hohen Investitionsvolumen setzt der Flughafen Graz auch baulich entscheidende Schritte in die Zukunft: die Fertigstellung des Towers im Herbst 2002 und der Ausbau des Fluggastterminals, der für die Jahre 2003–2005 terminisiert ist. Damit setzt der Flughafen Graz auch mittelfristig starke Signale für die Neuorientierung und die nachhaltige Sicherung bzw. den Ausbau des Wirtschaftsstandortes Graz.

Die Deutsche Bibliothek - CIP-Einheitsaufnahme
Der Steirer Land / Markus Russegger (Hg.).
Graz ; Wien ; Köln : Verl. Styria, 2002
ISBN 3-222-12998-3

www.verlagstyria.com

Layout und Umbruch: Bernd Wohlmuth, Graz
Umschlaggestaltung: Andrea Malek
Druck: druckservice STYRIAN, Graz
Gedruckt auf Magnopearl von **sappi**
ISBN 3-222-12998-3